Experimente a CIÊNCIA

7º ano – 2ª edição

HELENI STROEDER
Doutora em Ciências na área de Parasitologia pela Universidade de São Paulo
Bacharel em Ciências Biológicas pela Universidade de São Paulo
Professora de Ciências da rede particular de ensino na cidade de São Paulo

LUCIANA BARÃO ACUÑA
Mestre em Ciências na área de Ecologia:
ecossistemas terrestres e aquáticos pela Universidade de São Paulo
Especialista em Gestão Ambiental pelo Centro Universitário SENAC
Bacharel e Licenciada em Ciências Biológicas pela Universidade de São Paulo
Professora de Ciências da rede particular de ensino na cidade de São Paulo

SIMONE APARECIDA BACIC
Especialista em Ecologia pela Universidade de Guarulhos
Bacharel e Licenciada em Ciências Biológicas pela Universidade de Guarulhos
Professora de Ciências e Biologia da rede particular de ensino
na cidade de São Paulo

SUZANA SOUZA SOUTO DE OLIVEIRA
Doutora em Ciências na área de Ciências Morfofuncionais pela
Universidade de São Paulo
Fonoaudióloga pela Faculdade de Medicina da Universidade de São Paulo
Professora de Ciências da rede particular de ensino na cidade de São Paulo

editora HARBRA

Sumário

Direção Geral: Julio E. Emöd
Supervisão Editorial: Maria Pia Castiglia
Programação Visual e Capa: Mônica Roberta Suguiyama
Fotografias da Capa: Shutterstock
Impressão e Acabamento: Gráfica Forma Certa

Experimente a Ciência – 7º ano – 2ª edição

Rua Joaquim Távora, 629 – 04015-001 – São Paulo – SP
Tel.: (0.xx.11) 5084-2482. Fax: (0.xx.11) 5575-6876
Endereço eletrônico: www.harbra.com.br

ISBN 978-85-294-0523-0

Impresso no Brasil *Printed in Brazil*

CIP-Brasil. Catalogação na Publicação
SINDICATO NACIONAL DOS EDITORES DE LIVROS, RJ

E96

2. ed.

Experimente a ciência : 7º ano / Heleni Stroeder ... [et al.]. - 2. ed. - São Paulo : HARBRA, 2019.
56 p. : il. ; 27 cm.

ISBN 978-85-294-0523-0

1. Ciências - Estudo e ensino (Ensino Fundamental). I. Stroeder, Heleni.

18-53696 CDD: 372.35
CDU: 373.3.016:5

Apresentação

O despertar da curiosidade pela ciência se dá de forma intensa quando permitimos aos alunos a possibilidade de vivenciar os conteúdos estudados de forma teórica. Acreditamos que as aulas práticas no laboratório de ciências são importantes recursos pedagógicos, pois permitem ao aluno envolver-se no seu processo de aprendizagem, realizando observações e questionamentos, elaborando hipóteses, coletando e analisando dados, discutindo resultados e tirando conclusões. A prática pode, inclusive, ser um ponto de partida e anteceder a exposição teórica.

Nessa perspectiva, as aulas práticas tornam o laboratório um espaço de desenvolvimento investigativo, onde o aluno tem a oportunidade de construir seu conhecimento por meio do método científico.

A possibilidade de trabalhar em grupos no laboratório permite ainda, ao aluno, desenvolver competências, como, por exemplo, a argumentação, ao expor oralmente suas ideias, manifestando suas opiniões, concordâncias e discordâncias, estabelecendo conexões com os demais membros do grupo, fortalecendo o trabalho em equipe.

Neste volume, propomos um conjunto de práticas que abrangem o conteúdo trabalhado em Ciências no 7º ano do Ensino Fundamental: *Vida e Evolução* (microrganismos e invertebrados; sistemas nervoso, esquelético e muscular; órgãos dos sentidos; lentes); *Matéria e Energia* (grandezas e medidas; propagação de calor; processos de separação de misturas e transformações químicas).

Boas experiências!

As autoras

Segurança nas aulas práticas

Normas de utilização e segurança:

- Sempre lavar as mãos antes e depois das aulas.
- Não levar alimentos ao laboratório.
- Quando for orientado pelo professor, usar luvas descartáveis para a realização das práticas.
- As substâncias químicas não devem ser cheiradas e nem levadas à boca.
- Caso haja quebra de material, o aluno deverá chamar imediatamente o professor.
- O aluno deverá sempre esperar a orientação do professor antes de realizar o experimento.
- Para sua segurança, nunca introduza objetos nas tomadas.
- Cuide adequadamente do material do laboratório, pois ele é parte integrante de seu aprendizado.
- Leve ao laboratório apenas os materiais que serão utilizados durante a aula (livro de laboratório, lápis e borracha para anotações).

CKA/SHUTTERSTOCK

PUHHHA/SHUTTERSTOCK

CONHECENDO O MICROSCÓPIO ÓPTICO

Aula 1

INTRODUÇÃO: A célula é invisível a olho nu e para estudá-la dependemos de técnicas adequadas e da utilização de instrumentos como o microscópio. O microscópio óptico é constituído por uma parte mecânica (estruturas de suporte) e uma parte óptica (conjunto de lentes) com a capacidade de ampliar o material visualizado. Para observarmos um material ao microscópio óptico, ele deve ser fino o suficiente para ser atravessado pela luz.

OBJETIVOS

- Conhecer as partes que compõem o microscópio óptico.
- Conhecer seu correto manuseio e funcionamento.

MATERIAIS

- microscópio óptico
- lâminas
- lamínulas
- palavra impressa "FELIZ"

PROCEDIMENTO

1. Identificar as partes do microscópio óptico a partir da figura e manuseá-las adequadamente no microscópio na bancada.

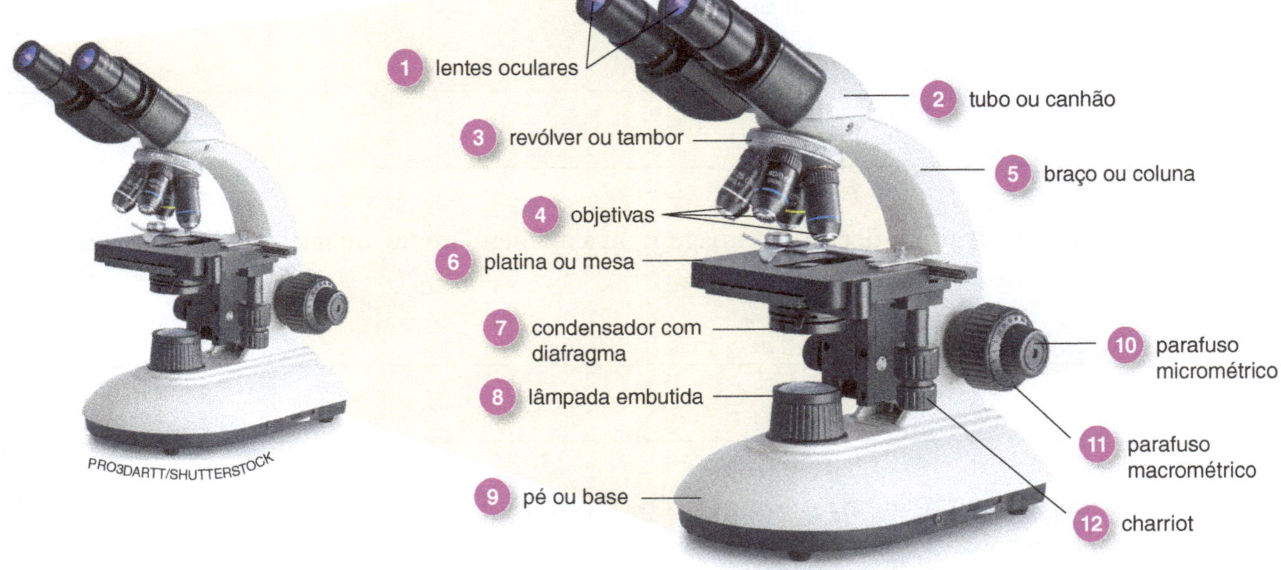

LEMBRE-SE: Precisamos cuidar adequadamente do microscópio:

1. nunca deixar o microscópio na beirada da bancada;
2. não colocar os dedos nas lentes;
3. nunca deixar frascos com líquidos próximos a ele para não molhá-lo;
4. nunca transportar o microscópio sem a devida autorização e orientação do professor;
5. não usar a lente objetiva de maior aumento (100×) nas aulas;
6. não desmontar nenhuma parte do microscópio.

2. Utilizando o microscópio:

1. colocar a palavra impressa (FELIZ) sobre a lâmina e cobrir com a lamínula;
2. colocar a lente objetiva de 4× na posição, puxar a presilha e colocar a lâmina no encaixe (com a palavra voltada para você);
3. soltar a presilha;
4. subir a platina;
5. utilizar o charriot e colocar a palavra na direção da luz;
6. com os olhos na lente ocular, ajustar a platina utilizando o botão macrométrico até encontrar a palavra;
7. com o botão micrométrico ajustar o foco.

Atividade

1. Descrever a imagem da letra quanto ao tamanho e posição. Justifique esse resultado.

____

____

2. Utilizando o charriot, movimente a lâmina para a esquerda. Para qual lado vai a imagem?

____

3. Colocar a lente objetiva de 10× na posição. Descreva o que aconteceu com o tamanho da letra, com o campo visual e com a quantidade de luz.

____

____

4. Se você quiser observar um detalhe da imagem ou a imagem inteira, qual é a objetiva mais adequada para cada situação?

____

____

Observação: para retirar a lâmina do microscópio, voltar à lente objetiva de 4×, puxar a presilha e deslizar a lâmina sobre a mesa.

OBSERVAÇÃO DE CÉLULA ANIMAL

Aula 2

INTRODUÇÃO: A célula é a unidade básica do ser vivo. Com a observação de células da mucosa bucal ao microscópio óptico é possível identificar a organização celular básica: membrana plasmática, citoplasma e núcleo. Para melhor observação podemos usar corantes. A célula animal é uma célula eucarionte, pois apresenta seu material genético organizado por uma membrana nuclear.

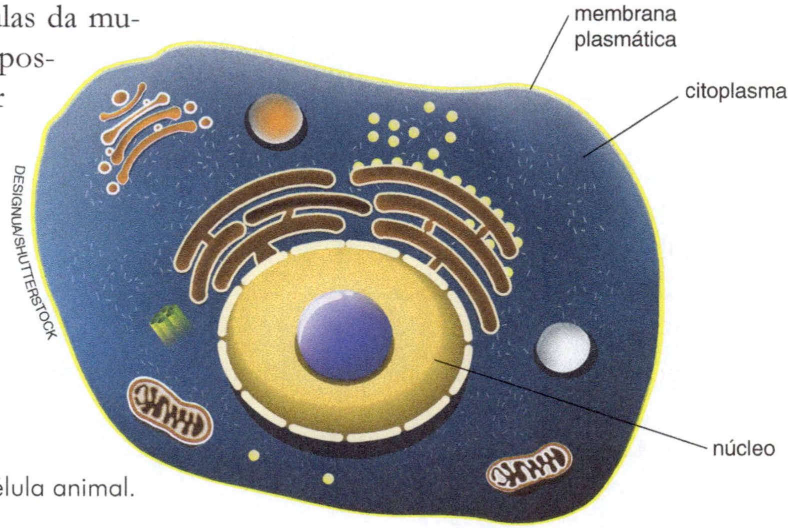

Célula animal.

OBJETIVO: Observar e esquematizar a estrutura básica da célula animal a partir de uma lâmina preparada com a utilização da técnica de esfregaço da mucosa bucal.

MATERIAIS

- lâminas
- lamínulas
- palito de dentes
- corante azul de metileno
- papel-filtro
- microscópio

PROCEDIMENTO

1. Com um palito de dentes, raspar a face interna da bochecha (mucosa bucal). As células vão desprender-se, ficando no palito.
2. Passar (sem força) o palito sobre a lâmina para espalhar as células.
3. Pingar uma gota de corante na borda do esfregaço, encostar uma das bordas da lamínula na gota e descer a lamínula, devagar, diminuindo o ângulo até encostá-la na lâmina.
4. Tirar o excesso de corante, encostando o papel-filtro na borda da lamínula.

5 Colocar a lâmina no microscópio.

6 Encontrar e focalizar as células com a lente objetiva de 4×, e depois com a lente objetiva de 10×.

Atividade

1. Observar as células de mucosa bucal ao microscópio e esquematizar o observado, indicando as estruturas visíveis.

Tipo: ____________________

Corante: ____________________

Objetiva: ____________________

2. Qual região da célula ficou mais intensamente corada? Por quê?

____

____

____

____

____

____

3. Das estruturas básicas da célula, qual não foi possível visualizar? Por quê?

____

____

____

____

____

____

VÍRUS E BACTÉRIA

Aula 3

INTRODUÇÃO: Os vírus são formados apenas por uma cápsula de proteínas envolvendo seu material genético e por isso são considerados seres acelulares.

As bactérias apresentam estrutura celular procarionte, ou seja, o seu material genético encontra-se disperso no citoplasma. Além da membrana plasmática, a célula bacteriana apresenta parede celular que protege e dá forma à célula e seu formato é utilizado como critério para sua classificação.

Diversas vezes, para o estudo de microrganismos, é necessário que ele se reproduza. Nesse caso, utilizamos o chamado "meio de cultura", que é uma composição de nutrientes necessários ao desenvolvimento do microrganismo.

OBJETIVOS

- Reconhecer a estrutura de vírus e bactérias.
- Diferenciar as formas das bactérias.
- Compreender a importância da utilização de meios de cultura e da estufa no cultivo de bactérias e fungos.

MATERIAIS

- massa de modelar
- papel para apoiar
- palitos
- figuras de vírus e bactérias
- meio de cultura para bactérias
- caixa iluminada por uma lâmpada, simulando condições de uma estufa ("caixa-estufa")

Atividade 1

Demonstração na bancada, pelo professor, de meio de cultura já pronto, inoculado ou não, e da "caixa-estufa" que será utilizada na cultura de fungos e bactérias.

Atividade 2

Construir modelos de vírus e bactérias.

PROCEDIMENTOS

1. Utilizar a massa de modelar e os modelos de vírus e bactérias e moldar sobre o papel de apoio um vírus e uma bactéria com suas respectivas estruturas. Utilizar cores diferentes para estruturas diferentes.
2. Modelar colônias de bactérias, diferenciando-as com relação ao seu formato.

CONCLUSÕES

1. Poderíamos cultivar vírus em meio de cultura? Justifique.

____

____

____

2. Nomear as colônias de bactérias que você modelou, indicando suas respectivas formas.

____

____

____

____

____

____

3. Completar a tabela comparando vírus e bactérias:

	Vírus	Bactéria
Estrutura		
Material genético		

ESTUDO DE PROTOZOÁRIOS

Aula 4

INTRODUÇÃO: Os protozoários são seres vivos unicelulares, de estrutura eucarionte e de nutrição heterótrofa. Eles podem ser de vida livre ou parasitária, neste caso podendo causar doenças a muitos seres vivos, inclusive aos seres humanos. Os protozoários são classificados de acordo com a estrutura de locomoção, que pode ou não estar presente.

OBJETIVOS

- Observar protozoários de água doce ao microscópio.
- Reconhecer as estruturas de locomoção dos protozoários.
- Relacionar os diferentes parasitas com as doenças que causam.

MATERIAIS

- microscópio
- lâminas de protozoários fixados
- infusões de protozoários de água doce, previamente preparadas
- lâminas escavadas

Atividade 1

Observar ao microscópio as lâminas dos seguintes protozoários fixados:

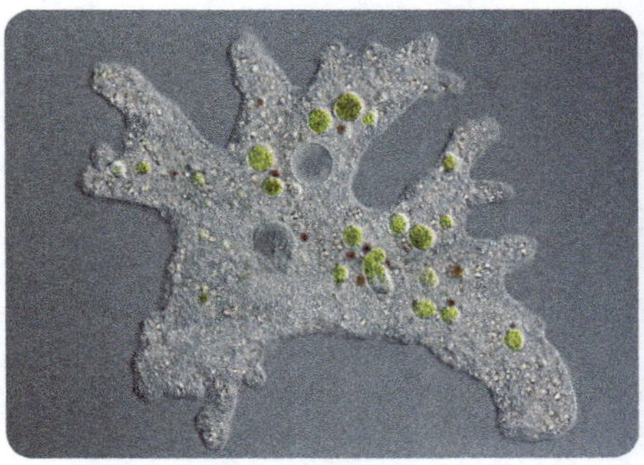

Ameba (*Amoeba proteus*)

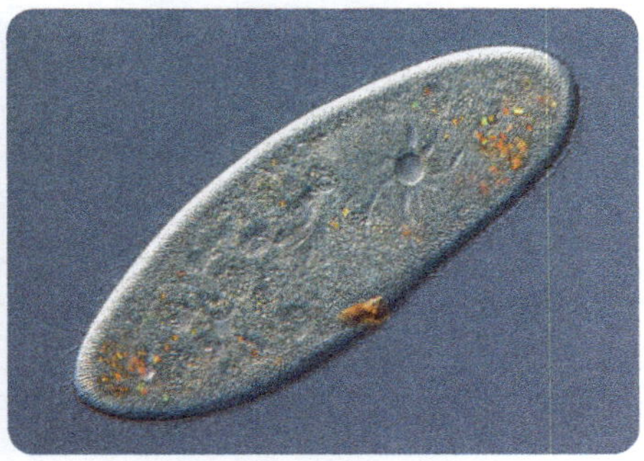

Paramécio (*Paramecium caudatum*)

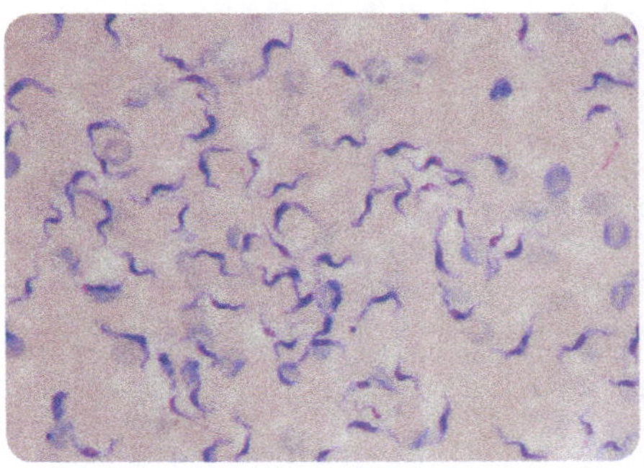

Tripanossoma (*Trypanosoma cruzi*)

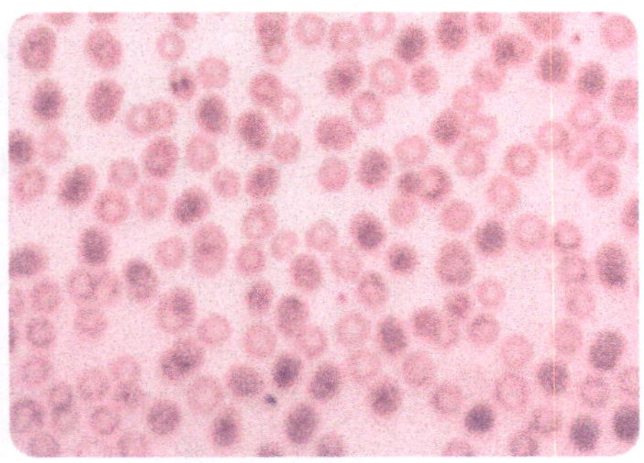

Plasmódio (*Plasmodium vivax*)

Atividade 2

Pingar uma gota da infusão de protozoários na lâmina escavada e observá-los (vivos) no microscópio.

RESULTADOS E CONCLUSÕES

1. Completar a tabela com as informações que estão faltando:

Grupo	Estrutura locomotora	Exemplo	Desenho
Rizópodes			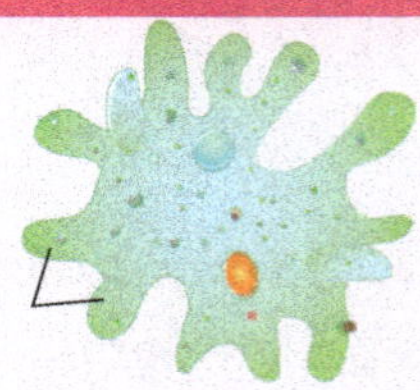 DESIGNUA/SHUTTERSTOCK Modo de vida : ____________________ Doença: ____________________
		Tripanossomo	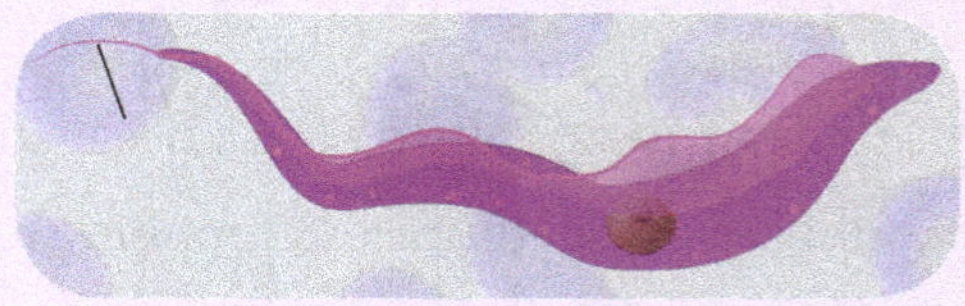 DESIGNUA/SHUTTERSTOCK Modo de vida : ____________________ Doença: ____________________
Esporozoários			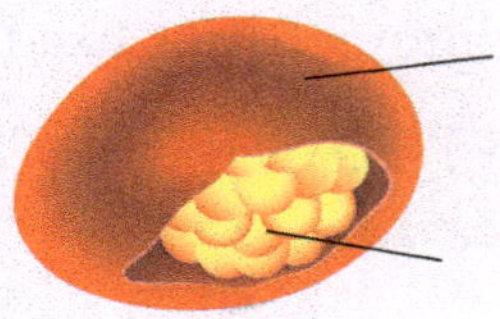 DESIGNUA/SHUTTERSTOCK Modo de vida : ____________________ Doença: ____________________
		Paramécio	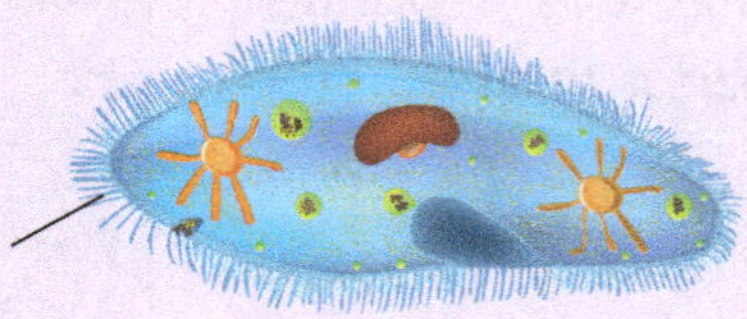 DESIGNUA/SHUTTERSTOCK Modo de vida : ____________________ Doença: ____________________

2. Citar duas funções dos cílios e flagelos.

____

____

____

FUNGOS

Aula 5

INTRODUÇÃO: Os fungos são seres vivos heterotróficos, unicelulares ou pluricelulares, podendo ser de vida livre ou parasitas.

OBJETIVOS: Observar diferentes tipos de fungos e também o processo de fermentação realizado pelas leveduras.

MATERIAIS

- fermento de padaria (*Saccharomyces cerevisiae*) diluído em água
- açúcar
- 2 erlenmeyers
- 2 bexigas (de aniversário)
- lâmina
- lamínula
- conta-gotas
- microscópio
- bolor de pão ou fruta
- haste flexível
- lâmina preparada de líquen
- liquens diversos

Atividade 1

PROCEDIMENTO 1: Colocar uma gota do fermento diluído na lâmina, cobrir com lamínula e observar ao microscópio.

RESULTADO: Esquematizar o observado.

Aumento: ______________________

CONCLUSÃO: Com relação ao número de células, como são classificados esses fungos?

____

Atividade 2

PROCEDIMENTO

1. Preparar nos erlenmeyers o mesmo volume de uma solução com fermento (grupo controle) e outra com fermento e açúcar (grupo experimental).
2. Prender as bexigas na boca dos frascos (veja esquema abaixo) e aguardar alguns minutos.

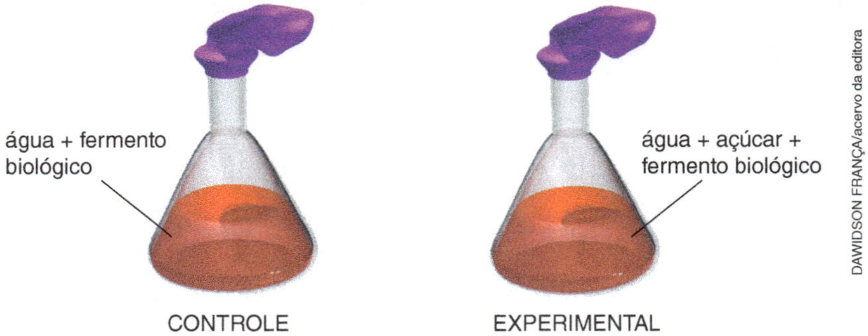

RESULTADOS E CONCLUSÃO

Descreva e explique o observado.

____

____

____

Atividade 3

PROCEDIMENTO

1. Recolher uma pequena porção de bolor com uma haste flexível de algodão.
2. Espalhar em uma lâmina.
3. Cobrir com lamínula e observar.

RESULTADO: Esquematizar e identificar o observado.

Aumento: ______________________

CONCLUSÃO: Com relação ao número de células, como são classificados esses fungos?

____

Atividade 4

PROCEDIMENTO: Observar a lâmina ao microscópio e os exemplos dispostos na bancada.

XLIBES/LATINSTOCK

RESULTADOS E CONCLUSÃO

1. Completar o esquema:

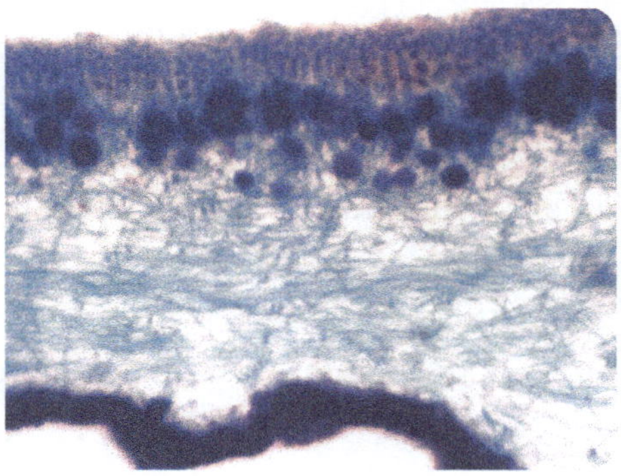

HELENI STROEDER

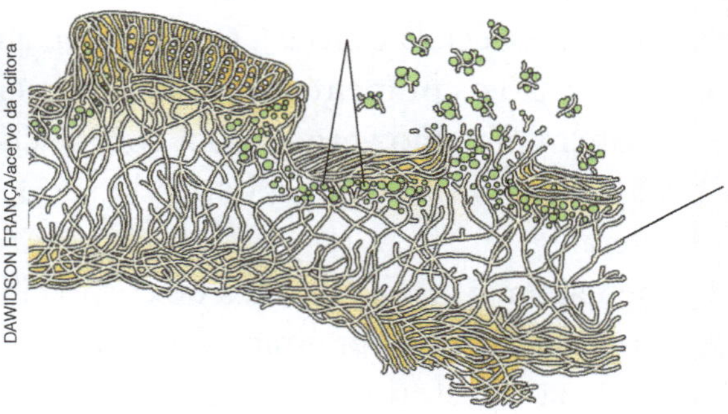

DAWIDSON FRANÇA/acervo da editora

2. Quais organismos podem formar um líquen?

____

Atividade 5

Observar o aspecto de diversos fungos dispostos na bancada: fungos comestíveis, orelhas-de-pau, e bolores em alimentos. Esquematize um dos exemplares.

Aula 6

PORÍFEROS, CNIDÁRIOS, PLATELMINTOS E NEMATELMINTOS

INTRODUÇÃO: O reino animal compreende seres vivos heterótrofos, eucariontes e pluricelulares. Os invertebrados constituem o grupo mais amplo dentro do reino animal. Pertencem a esse grupo os animais que não apresentam coluna vertebral.

Os poríferos, conhecidos popularmente como esponjas, são animais com organização corporal simples, sem tecidos nem órgãos. Apresentam uma célula especial chamada porócito, que permite a entrada de água no corpo do animal.

Os cnidários, cujos representantes mais conhecidos são as águas-vivas, são animais aquáticos que apresentam uma célula especial, o cnidócito, que participa na defesa e também na captura de presas. Os cnidários são os primeiros animais a apresentar uma cavidade digestiva.

Os platelmintos são vermes com corpo achatado dorso-ventralmente, que vivem em ambientes aquáticos ou terrestres úmidos, podendo ser de vida livre ou parasitas. Esses animais apresentam simetria bilateral.

Os nematelmintos são vermes de corpo cilíndrico e afilado nas duas pontas. Podem viver em água doce ou salgada, na terra úmida ou parasitando animais ou plantas. São os primeiros animais a apresentar sistema digestório completo.

OBJETIVO: Reconhecer e classificar invertebrados dos seguintes filos:

- Poríferos
- Cnidários
- Platelmintos
- Nematelmintos

MATERIAIS

- diversos invertebrados fixados
- lupas
- microscópio
- lâminas prontas

Atividade 1

Completar a tabela da página seguinte com as informações que estão faltando.

Filo: Poríferos

Nome: ______________________

Filo: Cnidários

Nome: ______________________

Forma de vida: ______________________

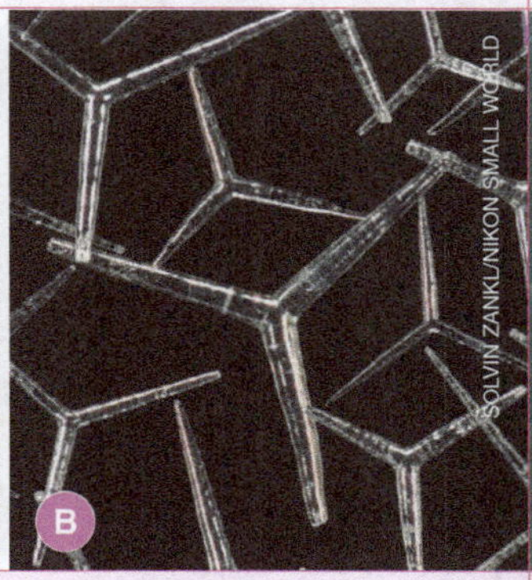

Tipo de esqueleto

A: ______________________

B: ______________________

Filo: Cnidários

Nome: ______________________

Forma de vida: ______________________

Filo: Cnidários

Nome: ______________________

Forma de vida: ______________________

Filo: Cnidários

Nome: ______________________

Forma de vida: ______________________

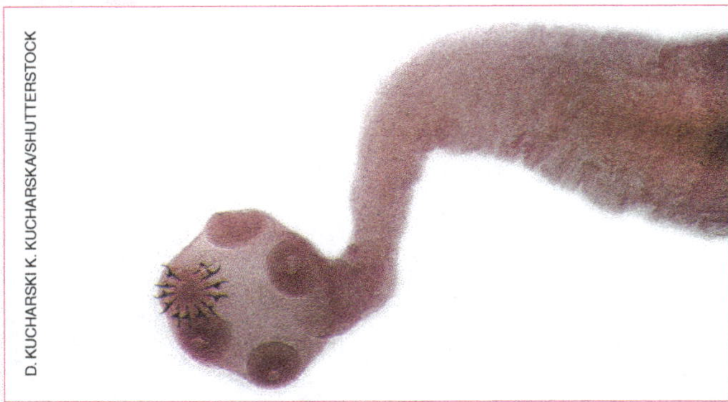

D. KUCHARSKI K. KUCHARSKA/SHUTTERSTOCK

Filo: ____________________

Nome: ____________________

Doença: ____________________

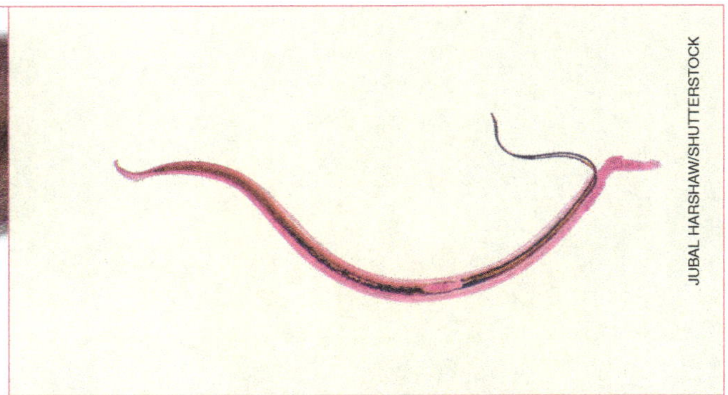

JUBAL HARSHAW/SHUTTERSTOCK

Filo: ____________________

Nome: ____________________

Doença: ____________________

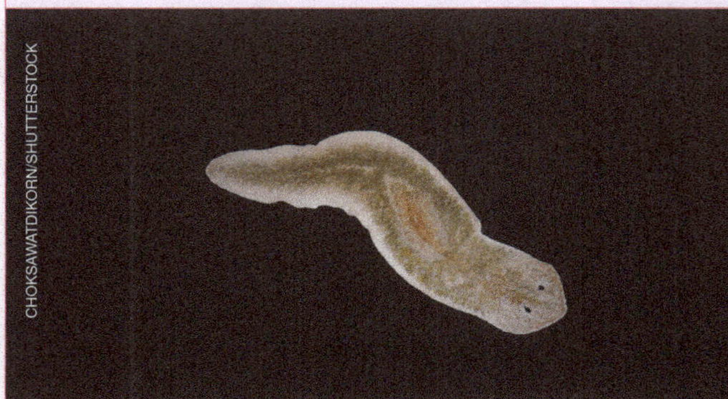

CHOKSAWATDIKORN/SHUTTERSTOCK

Filo: ____________________

Nome: ____________________

____

RATTIYA THONGDUMHYU/ SHUTTERSTOCK

Filo: ____________________

Nome: ____________________

Doença: ____________________

Atividade 2

Preparando a próxima aula...

MATERIAIS

- terra preta
- minhocas
- dois aquários pequenos
- alimento para minhocas
- água
- caixa de papelão
- areia

PROCEDIMENTO

1. Preparar os aquários intercalando camadas de terra preta e areia. Colocar um pouco de água.
2. Em um dos aquários colocar alimento e minhocas, no outro não. Este último aquário será nosso controle.
3. Manter em local escuro (no interior de uma caixa grande de papelão, por exemplo).
4. Aguardar cerca de 15 dias e observar.

ANELÍDEOS

Aula 7

INTRODUÇÃO: Os anelídeos são invertebrados que apresentam segmentação corporal, a metameria. Podemos classificar os anelídeos de acordo com a presença ou não de cerdas.

MATERIAIS

- aquários montados na aula anterior
- minhocas
- lanternas
- bandejas
- exemplares de *Nereis* fixados

OBJETIVOS

- Reconhecer e identificar algumas características das minhocas e sua importância.
- Comparar as diferentes classes de anelídeos.

Atividade 1

PROCEDIMENTO

1. Observar as minhocas se locomovendo na bandeja e completar o esquema abaixo.

MELINDA FAWVER/SHUTTERSTOCK

Atividade 2

PROCEDIMENTO

1. Acender uma lanterna próximo à região anterior do animal. Observar sua reação.

CONCLUSÕES

1. Como as minhocas se locomovem?

____

____

2. Descrever o comportamento das minhocas quando acendemos a lanterna. Qual é a importância desse comportamento para a sobrevivência desse animal?

____

____

____

____

Atividade 3

PROCEDIMENTO

1 Completar a tabela comparando os diferentes anelídeos quanto ao número de cerdas.

 SOLODOV ALEKSEI/SHUTTERSTOCK	 D. KUCHARSKI K. KUCHARSKA/SHUTTERSTOCK	 MIT KAPEVSKI/SHUTTERSTOCK
Classe: __________	Classe: __________	Classe: __________
Cerdas: __________	Cerdas: __________	Cerdas: __________

Atividade 4

PROCEDIMENTO

1 Observar o minhocário que foi montado na aula anterior.

CONCLUSÃO

Com base em suas observações após os 15 dias, responda:

Qual é o importante papel das minhocas no solo?

____

____

____

____

____

Aula 8

MOLUSCOS

INTRODUÇÃO: Os moluscos são invertebrados de corpo mole, viscoso, dividido em cabeça, massa visceral e pé. Vivem em ambientes terrestres e aquáticos, de água doce ou salgada. A maioria possui uma concha calcária externa.

OBJETIVOS

- Conhecer a anatomia interna de uma lula, identificando os principais órgãos.
- Comparar externamente uma lula e um polvo.
- Comparar conchas de gastrópodes e bivalves.
- Reconhecer estruturas relacionadas à alimentação de alguns moluscos.

MATERIAIS

- lula inteira e em corte longitudinal, mostrando a cavidade do manto
- exemplares de conchas de moluscos gastrópodes e bivalves
- polvo inteiro
- bandejas
- pinças
- lupa estereoscópica
- rádula e bico córneo

Atividade 1

PROCEDIMENTO

1 Observar a lula cortada longitudinalmente. Completar o esquema.

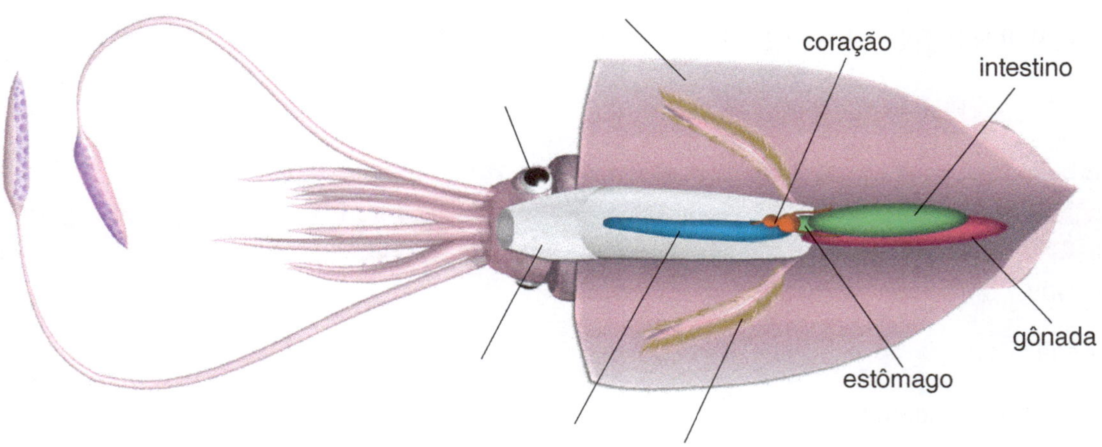

DAWIDSON FRANÇA/acervo da editora

Atividade 2

PROCEDIMENTO

1. Comparar externamente os exemplares de lula e polvo.
2. Observar o bico córneo a olho nu e a rádula na lupa.

RESULTADOS E CONCLUSÃO

1. Preencher a tabela abaixo:

Características	Polvo	Lula
Número de tentáculos		
Forma do manto		
Presença do sifão		
Presença de concha		
Presença de glândula de tinta		

2. Esquematizar os materiais observados, indicando suas funções:

MATERIAL 1 – Bico córneo

Função:______________________________________

MATERIAL 2 – Rádula

Função:______________________________________

Atividade 3

PROCEDIMENTO

1. Observar os exemplares de conchas de moluscos.
2. Separar as conchas pertencentes a gastrópodes das de bivalves.

RESULTADOS E CONCLUSÃO

Preencher a tabela abaixo:

Características	Gastrópode	Bivalve
Número de valvas		
Forma da concha		
Presença de linhas de crescimento		
Presença de cicatriz dos músculos		

ARTRÓPODES

INTRODUÇÃO: Todos os artrópodes apresentam apêndices articulados e corpo segmentado envolto por um exoesqueleto rígido e quitinoso.

Os tipos e números de apêndices bem como o tipo de segmentação variam entre os grupos e são critérios utilizados para a classificação desses animais nas diferentes classes.

OBJETIVOS

- Identificar as características específicas do filo dos artrópodes.
- Compreender as diferenças estruturais externas que diferenciam os principais grupos de artrópodes.
- Compreender a importância da ecdise no processo de crescimento dos artrópodes.

MATERIAIS

- exemplares e imagens das diferentes classes de artrópodes
- chave dicotômica para a determinação das classes dos artrópodes
- exúvias

Atividade 1

PROCEDIMENTO

1. Observar atentamente as características externas dos exemplares fixados e das imagens.
2. Com base na chave dicotômica, determinar a que classe de artrópode pertence cada um dos animais.

Chave dicotômica – Artrópodes

1. a) Animais sem antenas e com quatro pares de patas...................... ARACNÍDEOS
b) Animais com antenas.. passe para 2

2. a) Com dois pares de antenas; cinco pares de patas ou mais.......... CRUSTÁCEOS
b) Com um par de antenas .... passe para 3

3. a) Com três pares de patas .... INSETOS
b) Com muitos pares de patas.........................MIRIÁPODE.......... passe para 4

4. a) Com 1 par de patas por segmento.. QUILÓPODES
b) Com 2 pares de patas por segmento... DIPLÓPODES

RESULTADOS

1. Completar a tabela abaixo com o nome popular do artrópode, a classe a que pertence e a característica que foi utilizada para identificar a classe do animal.

Nome popular	Classe	Característica

Atividade 2

PROCEDIMENTO

1 Observar os exemplares de siris e caranguejos e, utilizando as imagens abaixo, preencher a tabela a seguir.

Siri	Caranguejo

HELENI STROEDER

HELENI STROEDER

Características	Siri	Caranguejo
Lateral do corpo		
Último par de pernas		

Atividade 3

PROCEDIMENTO

1 Observar o material em exposição sobre a bancada: exemplares das cinco classes de artrópodes e algumas exúvias.

CONCLUSÕES

1. Qual é a importância da muda para o artrópode?

____

____

____

____

____

2. Completar a tabela abaixo com as principais características de cada grupo dos artrópodes.

Classe	Divisões do corpo	Número de patas	Número de antenas	Presença de asas
Insetos				
Crustáceos				
Aracnídeos				
Diplópodes				
Quilópodes				

Aula 10

OSSOS, CARTILAGENS E ARTICULAÇÕES

INTRODUÇÃO: O esqueleto humano é constituído por ossos, cartilagens e articulações. Ele dá sustentação ao corpo, participa de movimentos (servindo como apoio para os músculos) e protege alguns órgãos internos (como cérebro, medula espinal, pulmões e coração). O esqueleto é dividido em dois grandes conjuntos: o esqueleto *axial* (ossos da cabeça, coluna vertebral e costelas) e o esqueleto *apendicular* (ossos dos braços, das pernas e as cinturas pélvica e escapular).

OBJETIVOS

- Caracterizar e classificar os ossos e articulações.
- Observar a constituição do esqueleto por meio de modelo anatômico.

MATERIAIS

- modelo anatômico do esqueleto humano
- ossos de boi (fêmur e osso do quadril)

PROCEDIMENTO

1. Observar e analisar os ossos de boi e o modelo anatômico do esqueleto humano.

CONCLUSÕES

Ossos

Complete a tabela abaixo.

Representação	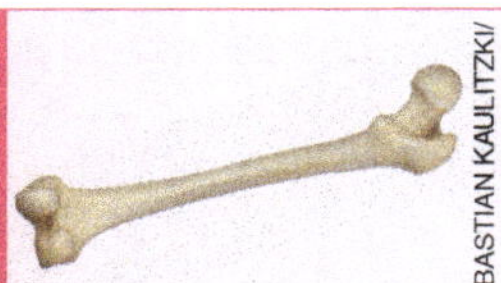 SEBASTIAN KAULITZKI/ SHUTTERSTOCK	 SEBASTIAN KAULITZKI/ SHUTTERSTOCK	 SEBASTIAN KAULITZKI/ SHUTTERSTOCK	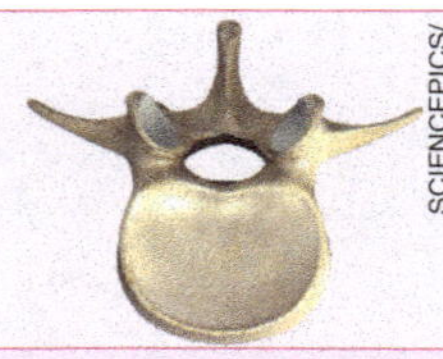 SCIENCEPICS/ SHUTTERSTOCK
Classificação quanto à forma				
Definição				
Exemplos				

Coluna vertebral

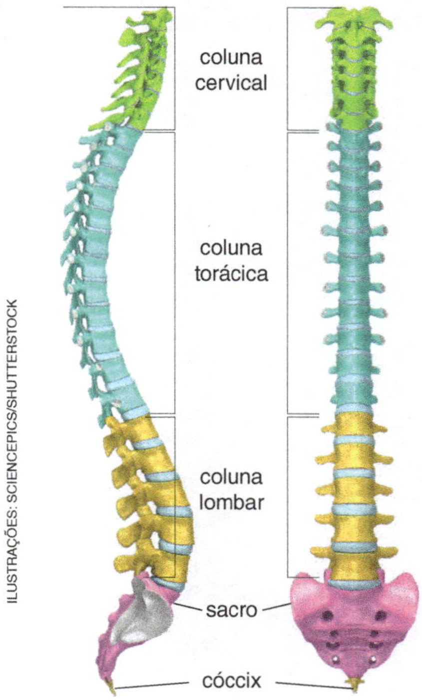

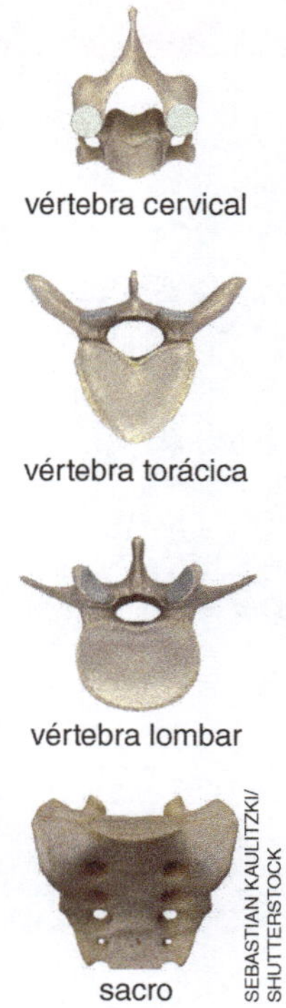

1. Indique a quantidade de vértebras:

_______________ que se articulam na sequência e estão unidas por diversos ligamentos, formando um eixo firme.

_______________ cervicais.

_______________ dorsais.

_______________ lombares.

_______________ sacrais (unidas formando o sacro).

_______________ coccígenas (unidas formando o cóccix).

2. Entre as vértebras temos os discos intervertebrais, formados por _______________________________

____

3. A sobreposição dos orifícios das vértebras forma o _______________________________, que aloja a ____.

Atenção! A medula óssea vermelha é o tecido conjuntivo presente no interior dos ossos longos, onde as células sanguíneas são produzidas.

Articulação

- Definição: ____

____

Complete a tabela abaixo.

Representação	Classificação	Exemplo
SEBASTIAN KAULITZKI/ SHUTTERSTOCK 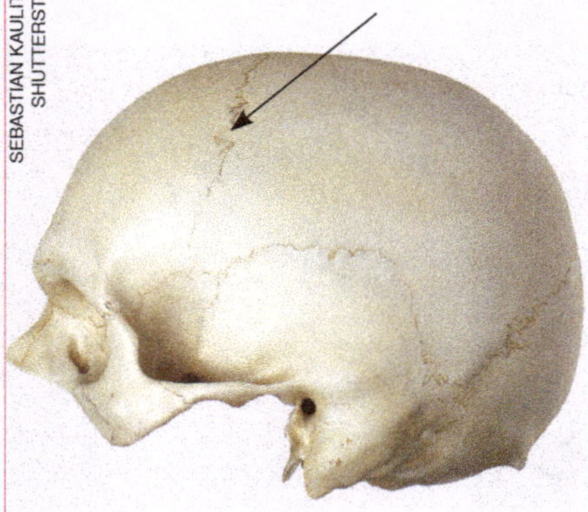		
SEBASTIAN KAULITZKI/ SHUTTERSTOCK 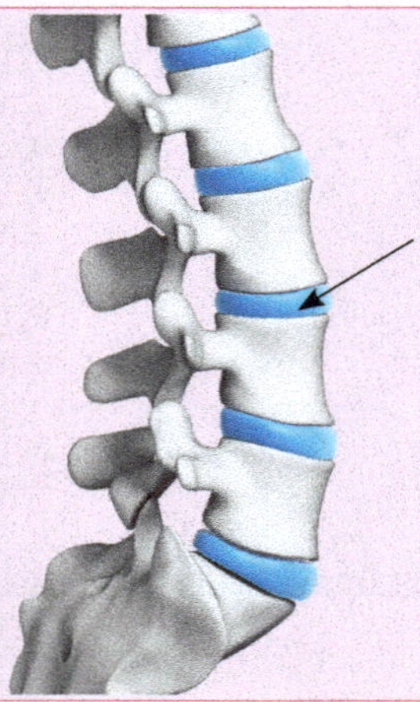		
SEBASTIAN KAULITZKI/ SHUTTERSTOCK 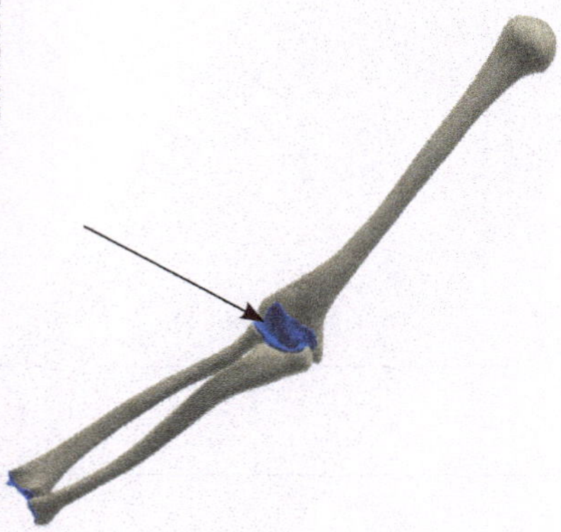		
SEBASTIAN KAULITZKI/ SHUTTERSTOCK 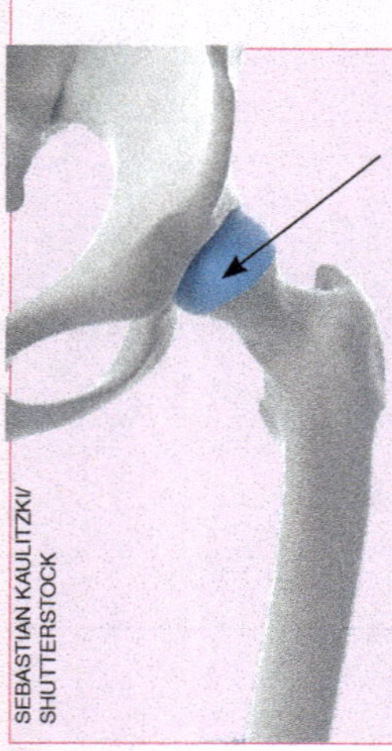		

Aula 11

MÚSCULOS ESQUELÉTICOS

INTRODUÇÃO: Os músculos estriados esqueléticos são constituídos por células alongadas e cilíndricas (fibra muscular ou miócito) que têm como principal função a contração. Esse tipo de musculatura geralmente está ligada a um osso por meio de uma estrutura formada por tecido conjuntivo, o tendão. Quando o músculo contrai, ele puxa o osso ao qual está ligado, porém quando relaxa ele não empurra o osso, sendo necessário que outro músculo puxe o osso no sentido oposto, por isso os músculos esqueléticos geralmente atuam em duplas, com movimentos antagônicos.

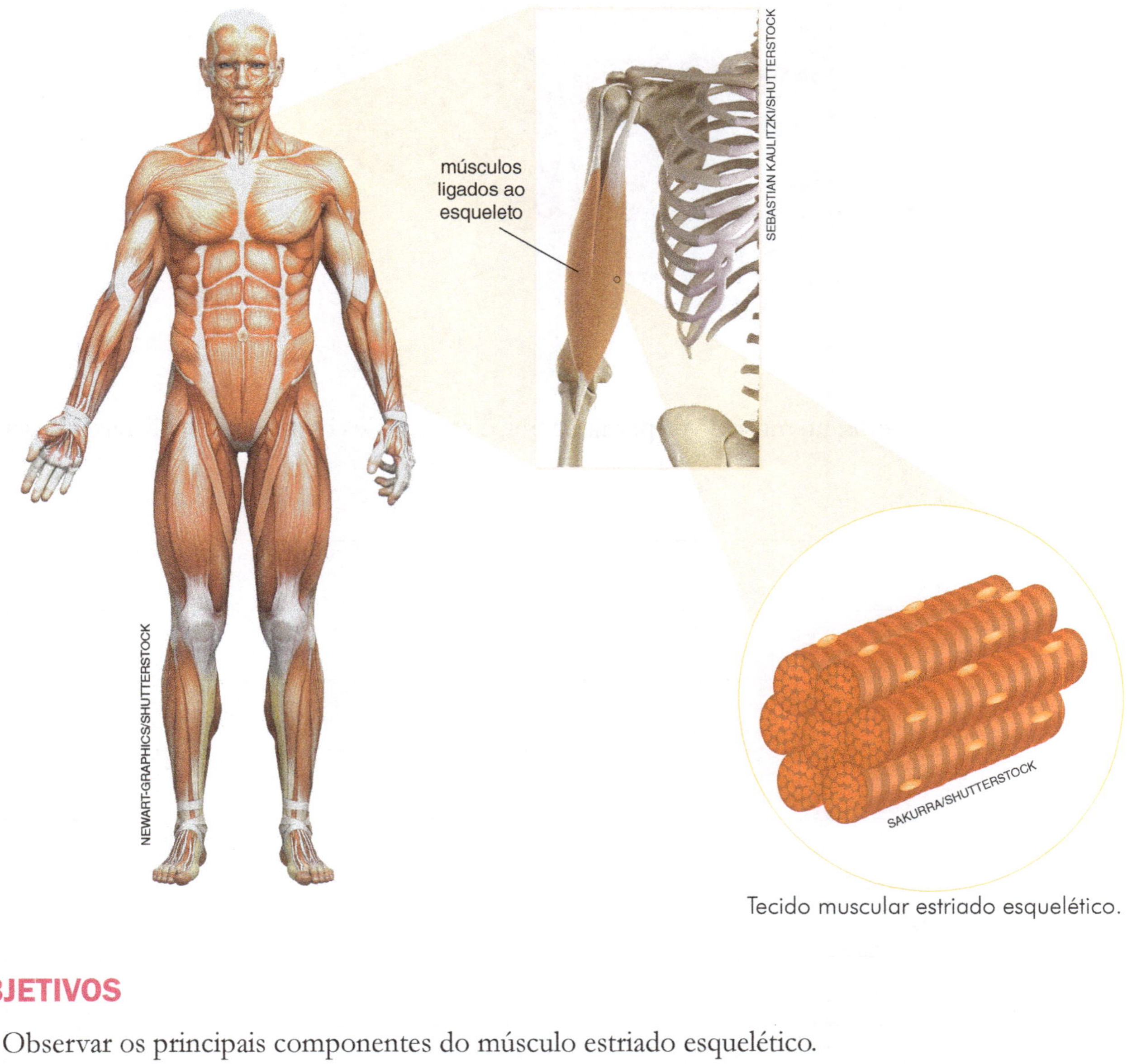

Tecido muscular estriado esquelético.

OBJETIVOS

- Observar os principais componentes do músculo estriado esquelético.
- Analisar o sentido da contração dos feixes dos músculos estriados esqueléticos.

MATERIAL: Músculo de boi (perna)

PROCEDIMENTO

1 Observar e analisar o músculo da perna do boi e o tendão.

RESULTADO

Indique na figura abaixo as estruturas do músculo que podem ser visualizadas no músculo da perna do boi.

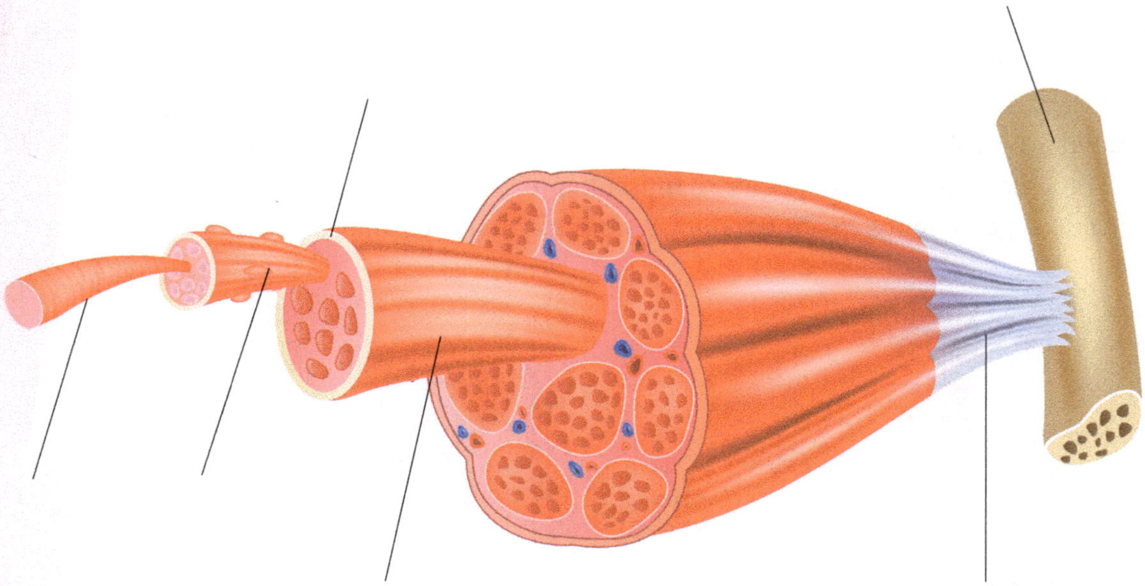

TEGUH MUJIONO/SHUTTERSTOCK

CONCLUSÃO

É possível identificarmos, no músculo da perna do boi, o sentido de contração de cada feixe muscular? Como?

SISTEMA NERVOSO

Aula 12

INTRODUÇÃO: O sistema nervoso, que é formado principalmente por neurônios, tem como principais funções a interpretação dos estímulos provenientes do ambiente, a coordenação de diversas funções do organismo e a integração entre sistemas.

OBJETIVO: Estudar a divisão anatômica do Sistema Nervoso Central com utilização de peça anatômica (cérebro humano e cérebro de boi).

MATERIAIS

- modelo anatômico
- cérebro conservado em formol

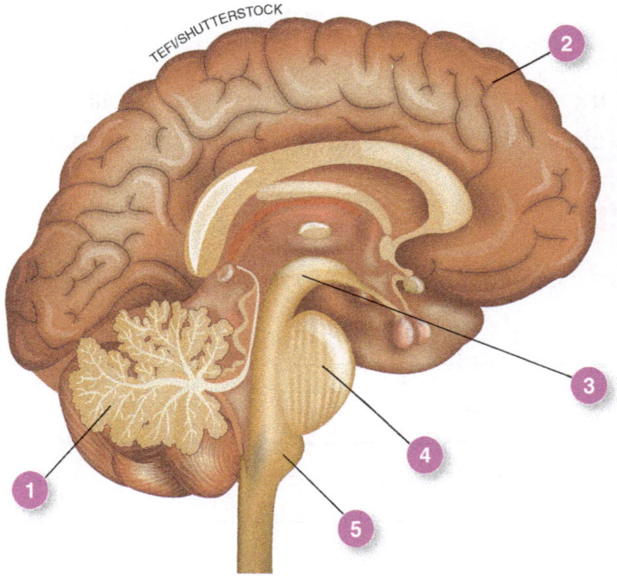

PROCEDIMENTO

Atividade

1 Observar a peça anatômica, identificar suas partes e completar a tabela.

	Nome da estrutura	Função geral
1		
2		
3		
4		
5		

Aula 13

REFLEXO E REAÇÃO

INTRODUÇÃO: O reflexo ou ato reflexo é uma resposta involuntária, muito rápida, que é comandada geralmente pela medula espinhal, ou seja, ele independe da atuação do cérebro. A reação, ao contrário do ato reflexo, é uma resposta voluntária que depende da interpretação cerebral dos diferentes estímulos provenientes do ambiente para ser gerada.

OBJETIVO: Diferenciar reflexo e reação.

Experimento 1

MATERIAL: Banco alto.

PROCEDIMENTO

Em duplas, um dos alunos irá sentar em um banco (alto) sem apoiar os pés no chão, enquanto outro aluno irá bater com a mão (aberta ou fechada) no joelho (abaixo da patela) do colega sentado.

RESULTADOS E CONCLUSÕES

1. Descreva o que aconteceu com a perna do aluno que recebeu a batida no joelho.

___

___

___

___

2. Esse movimento é voluntário ou involuntário? Justifique.

___

___

___

___

___

Experimento 2

MATERIAL: Régua de plástico de 30 cm.

PROCEDIMENTO

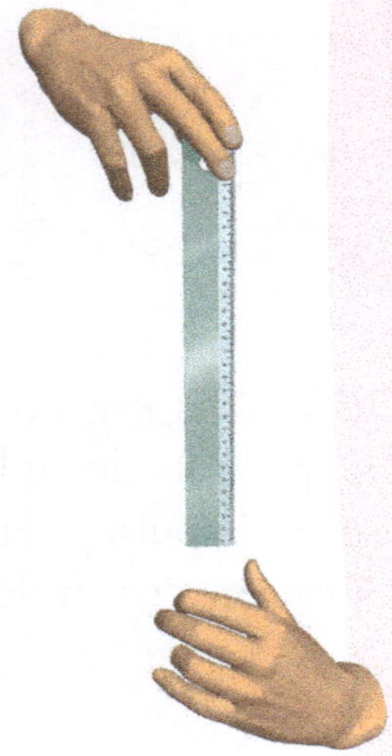

1. Em duplas, enquanto um dos alunos segura a régua, verticalmente no ar, pela extremidade posterior (lado dos 30 cm), o outro aluno coloca sua mão ao redor da outra extremidade da régua (lado do 0 cm), como ilustrado na figura ao lado.
2. Assim que o aluno soltar a régua, o outro aluno deverá tentar pegá-la.
3. Anotar a posição da régua (em cm), onde o aluno conseguiu segurá-la.
4. Repetir o mesmo procedimento mais duas vezes.

RESULTADOS

Tentativa	Medida (cm)
1ª	
2ª	
3ª	

CONCLUSÕES

1. A partir dos resultados obtidos, pode-se concluir que o movimento realizado é um ato reflexo ou uma reação? Justifique.

____

____

____

____

____

2. Qual é a diferença, em relação aos resultados obtidos nos dois experimentos, entre um ato involuntário (reflexo) e uma reação?

____

____

____

____

____

Aula 14

VISÃO

INTRODUÇÃO: A visão é o sentido humano que capta, por meio de fotorreceptores, a energia luminosa (luz) presente no ambiente. Os fotorreceptores presentes nos olhos transformam esse estímulo luminoso em impulsos nervosos que são transmitidos até o cérebro, que é o responsável pela criação de uma imagem a partir dessas informações que foram retiradas do meio.

OBJETIVOS

- Estudar a anatomia do olho com o uso de modelo anatômico.
- Entender o funcionamento do olho por meio da utilização de uma câmara escura.

Atividade 1

MATERIAL: Modelo anatômico do olho humano

PROCEDIMENTO

1. Observar a peça anatômica e identificar as estruturas na figura a seguir.

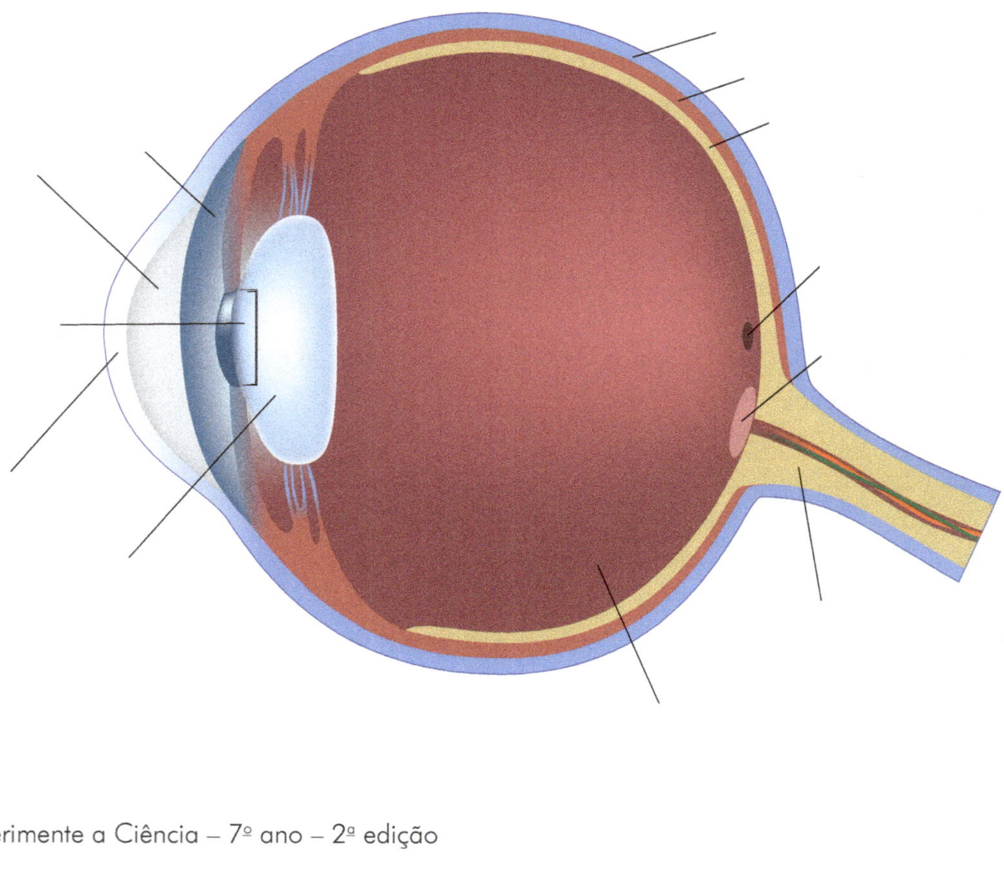

ALILA MEDICAL MEDIA/SHUTTERSTOCK

RESULTADOS

1. Qual é a importância do olho possuir meios transparentes? Quais são eles?

2. Como o cristalino se acomoda para que as imagens sejam focalizadas na retina?

Atividade 2

MATERIAL: Câmara escura.

PROCEDIMENTO

1 Observar o funcionamento de uma câmara escura.

RESULTADOS E CONCLUSÕES

1. Desenhe a imagem formada no esquema da câmara escura ao lado. Descreva como é essa imagem.

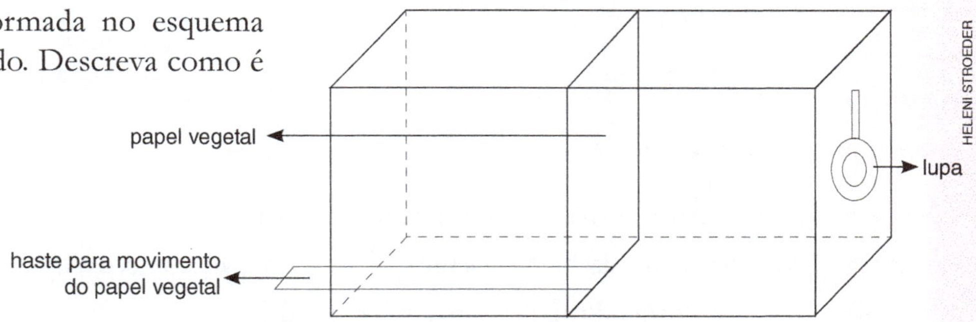

2. O que determinadas partes ou ações realizadas na câmara escura representam quando comparadas ao olho humano? Complete a tabela a seguir.

Na câmara escura	No olho humano
Lupa	
Papel vegetal	
Movimento do papel vegetal	

Aula 15

LENTES ESFÉRICAS

INTRODUÇÃO: As lentes são objetos transparentes, que refratam a luz e são limitados por duas superfícies esféricas ou por uma superfície esférica e outra plana. Podem ser utilizadas para diversos fins, entre eles, a correção da miopia e da hipermetropia. A pessoa com hipermetropia tem dificuldade para enxergar objetos próximos, pois o olho de um hipermétrope é um pouco mais curto que o necessário e a imagem se forma "atrás" da retina. Já, o míope tem dificuldade para enxergar objetos distantes visto que seu olho é mais comprido que o necessário e a imagem se forma, portanto, "antes" da retina.

OBJETIVO: Conhecer os diferentes tipos de lentes, seu funcionamento e sua utilização na correção de defeitos de visão.

MATERIAIS

- diferentes tipos de lentes (plano-côncava, bicôncava, plano-convexa e biconvexa)
- figuras ilustrando um olho normal, um olho hipermétrope e um olho míope
- banco óptico plano
- 1 fonte de luz laser paralelo

Experimento 1

PROCEDIMENTO

1. Posicionar uma lente convergente no centro do banco óptico.
2. Incidir o laser perpendicularmente à lente e observar o que acontece quando raios paralelos a atravessam.
3. Repetir o mesmo procedimento com uma lente divergente.
4. Esquematizar os raios refratados em cada caso.

RESULTADOS

(a) Lente convergente

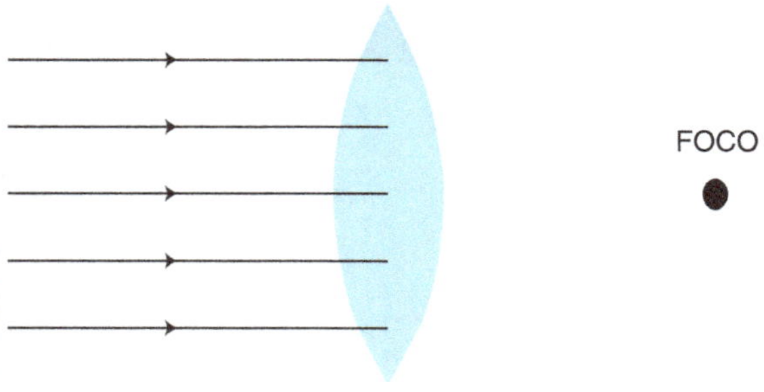

(b) Lente divergente

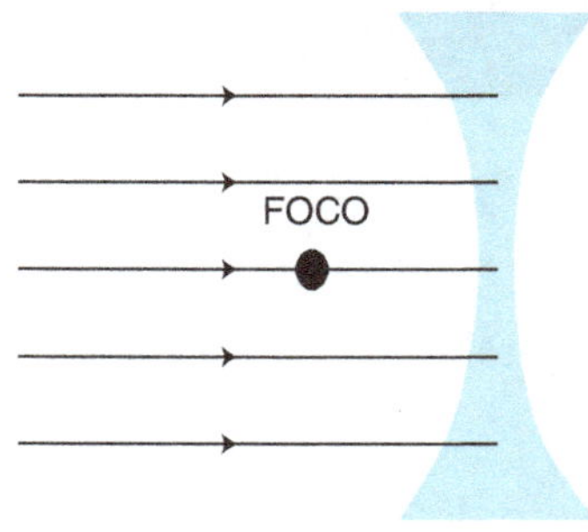

MÔNICA ROBERTA SUGUIYAMA/ acervo da editora

CONCLUSÃO

Qual é o comportamento dos raios luminosos ao atravessarem os diferentes tipos de lentes?

Experimento 2

PROCEDIMENTO

1. Repetir o procedimento anterior para as demais lentes disponíveis, classificando-as em convergentes ou divergentes.
2. Comparar a espessura da borda com a espessura da parte central das lentes.
3. Completar a tabela.

RESULTADOS

NOME	plano-côncava	bicôncava	plano-convexa	biconvexa
TIPO (convergente/divergente)				
BORDA (fina/grossa)				

PETER HERMES FURIAN/SHUTTERSTOCK

CONCLUSÃO

Como você pode identificar visualmente se uma lente é convergente ou divergente? Explique.

Experimento 3

PROCEDIMENTO

1. Colocar a figura que representa o olho normal sobre o banco óptico e ligar os raios paralelos de laser na direção do que seria o cristalino no esquema.

2. Posicionar os diferentes tipos de lentes disponíveis no lugar do "cristalino" e identificar qual seria o tipo de lente natural do olho, que faz com que os raios atinjam a retina. (Observação: daqui em diante essa será a lente utilizada no lugar do cristalino em todas as situações.)
3. Completar o primeiro esquema com os raios que formam a imagem no olho de uma pessoa com visão normal.
4. Colocar o esquema do olho de uma pessoa com hipermetropia sobre o banco óptico e fazer com que os raios paralelos de laser atravessem o cristalino do olho hipermétrope.
5. Observar onde os raios se encontram. Completar o respectivo esquema.
6. Determinar experimentalmente a lente que corrige a hipermetropia.
7. Completar o esquema com o desenho da lente corretiva e dos raios que formam a imagem após a correção.
8. Repetir o mesmo procedimento com o esquema do olho de uma pessoa com miopia.
9. Completar os esquemas do olho míope sem a lente corretiva e com ela.

RESULTADOS

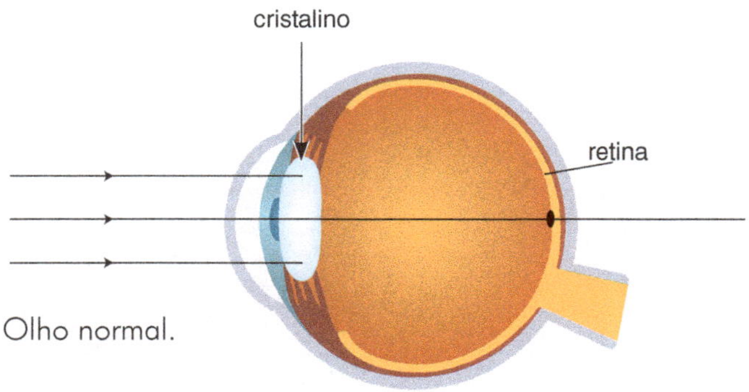

Olho normal.

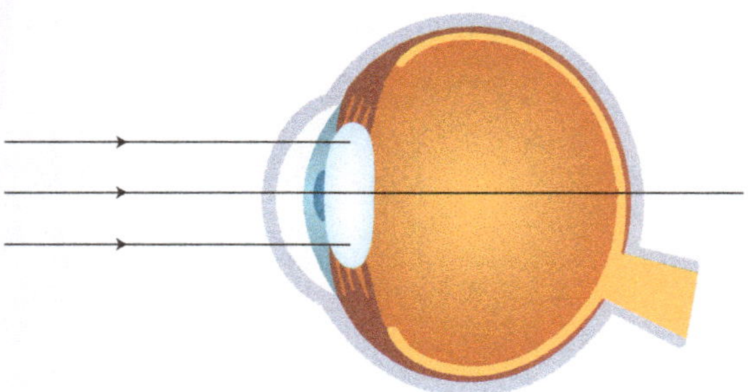

Olho hipermétrope sem correção.

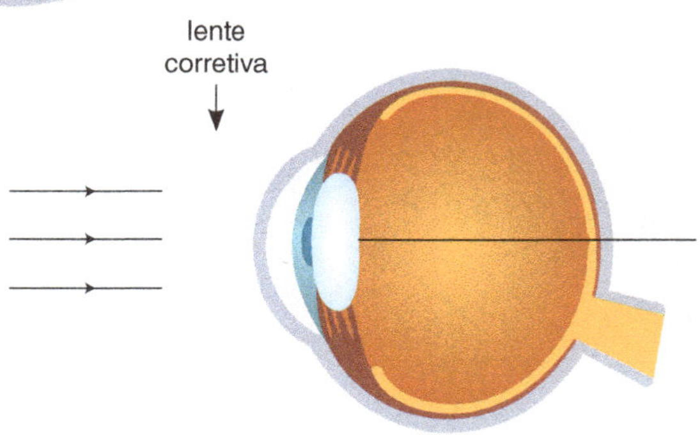

Olho hipermétrope com correção.

NEOKRYUGER/SHUTTERSTOCK

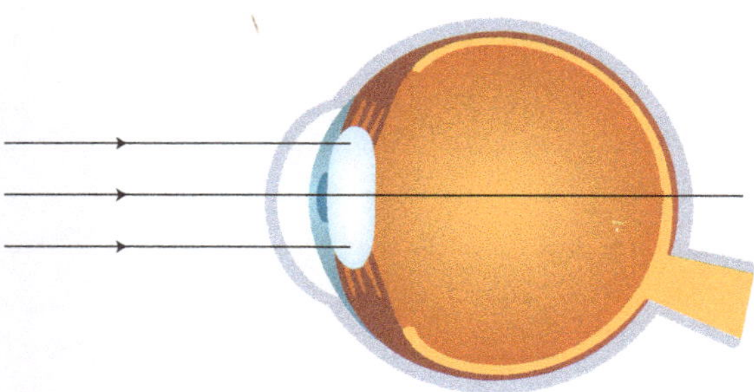

Olho míope sem correção.

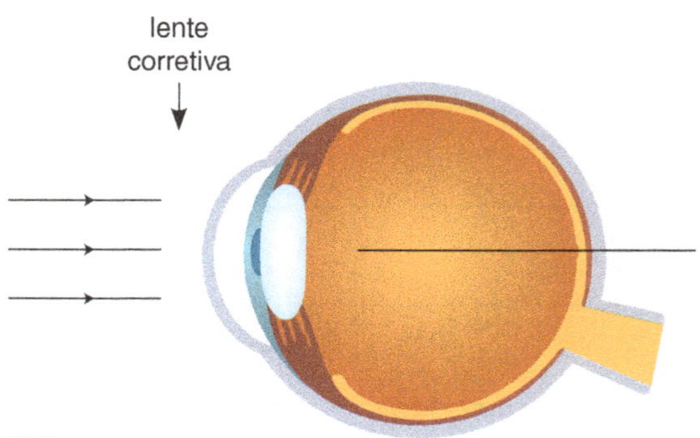

Olho míope com correção.

CONCLUSÕES

1. Para corrigir a hipermetropia usamos uma lente ______________________________

2. Para corrigir a miopia usamos uma lente ______________________________

GUSTAÇÃO E OLFATO

INTRODUÇÃO: A gustação e o olfato são dois sentidos que captam, através de quimiorreceptores, substâncias químicas presentes nos alimentos (gustação) ou no ar (olfato).

Por meio da gustação percebemos o gosto dos alimentos, que pode ser classificado como: doce, amargo, azedo, salgado ou umami.

Por meio do olfato podemos captar os diferentes odores presentes no ar. A sensação do sabor, que muitas vezes é confundida com a sensação de gosto, na realidade é a percepção, simultânea, pela gustação e pelo olfato, de uma mistura de substâncias químicas que são liberadas pelos alimentos.

RADU BERCAN/SHUTTERSTOCK

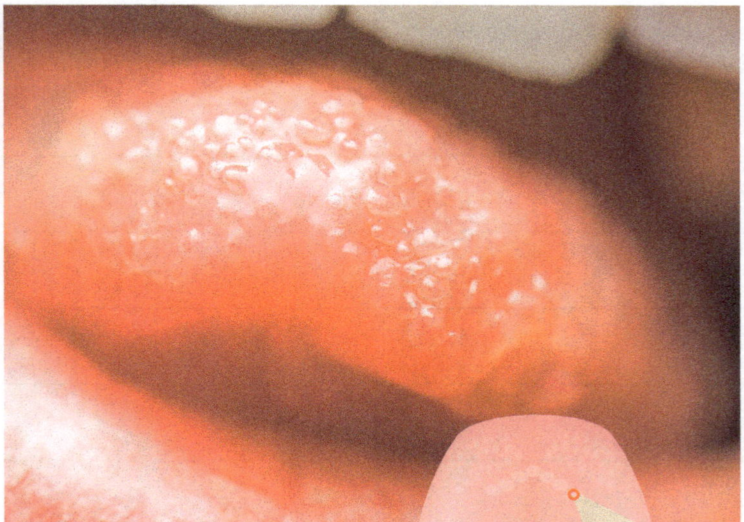

Observe as papilas gustativas na superfície da língua humana.

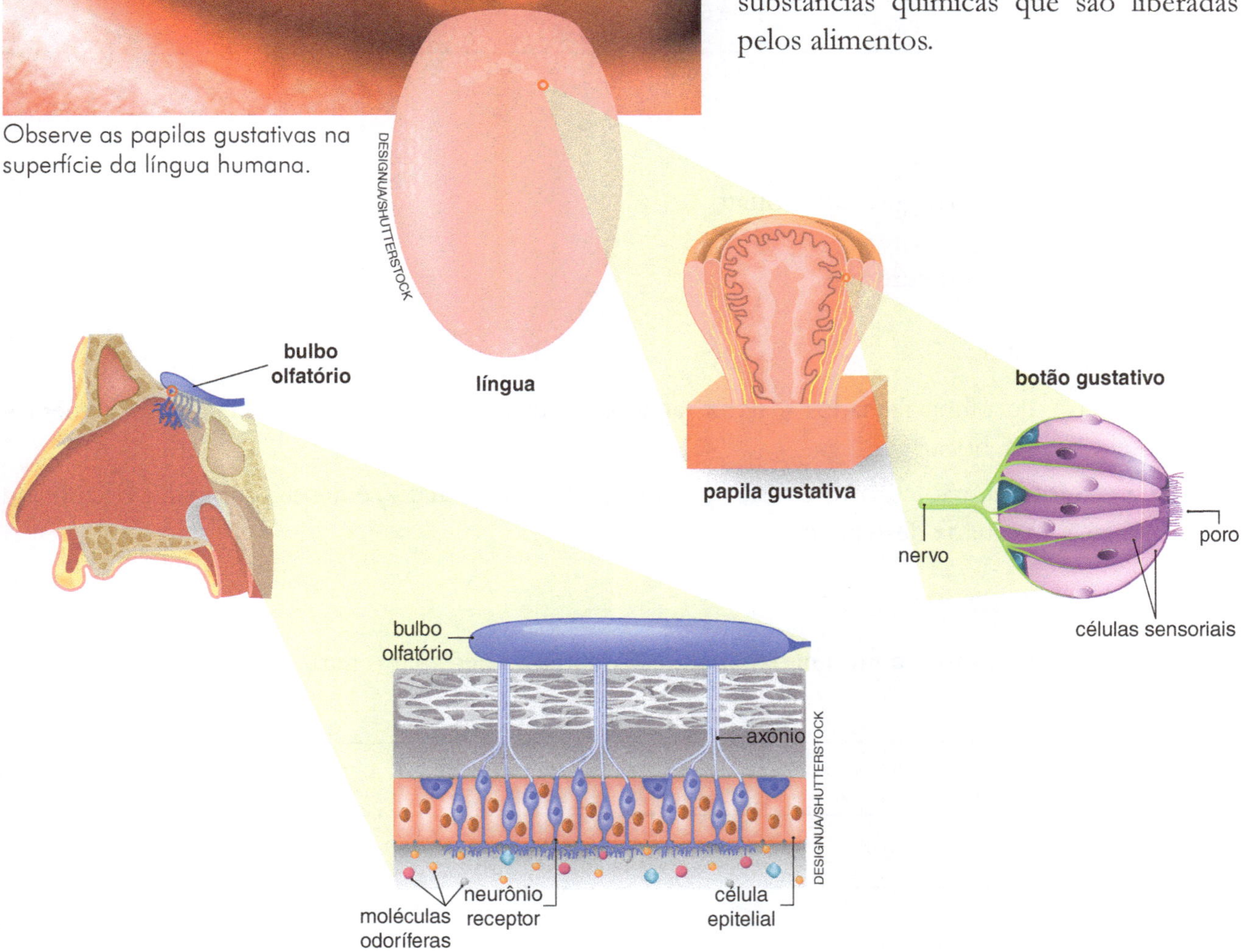

DESIGNUA/SHUTTERSTOCK

DESIGNUA/SHUTTERSTOCK

Experimento 1

OBJETIVO: Perceber a distribuição dos receptores gustatórios na língua.

MATERIAIS: Copos descartáveis com água tônica.

PROCEDIMENTO

1. Experimentar a água tônica usando apenas a ponta da língua.
2. Agora, experimentar a água tônica engolindo o líquido e deixando-o atingir a parte posterior da língua.

CONCLUSÃO

Você já deve ter tomado um remédio que inicialmente é doce e depois fica amargo. Explique por que isso acontece.

____

____

____

____

____

Experimento 2

OBJETIVO: Relacionar gustação e olfato.

MATERIAL: Alimento-surpresa.

PROCEDIMENTO

1. Permanecer de olhos fechados e nariz tapado, enquanto um companheiro coloca o alimento-surpresa em sua boca.
2. Dizer se sente ou não o gosto e o sabor antes de destapar o nariz, e depois comparar o sabor do alimento com o nariz destapado.

RESULTADO E CONCLUSÃO

Você sente ou não o sabor com o nariz tapado? E depois de destapar o nariz? Explique.

____

____

____

Aula 17

TATO

INTRODUÇÃO: A captação do tato ocorre ao longo de toda a pele do ser humano. O toque e a pressão são detectados por meio de corpúsculos e de terminações livres presentes na derme (camada da pele).

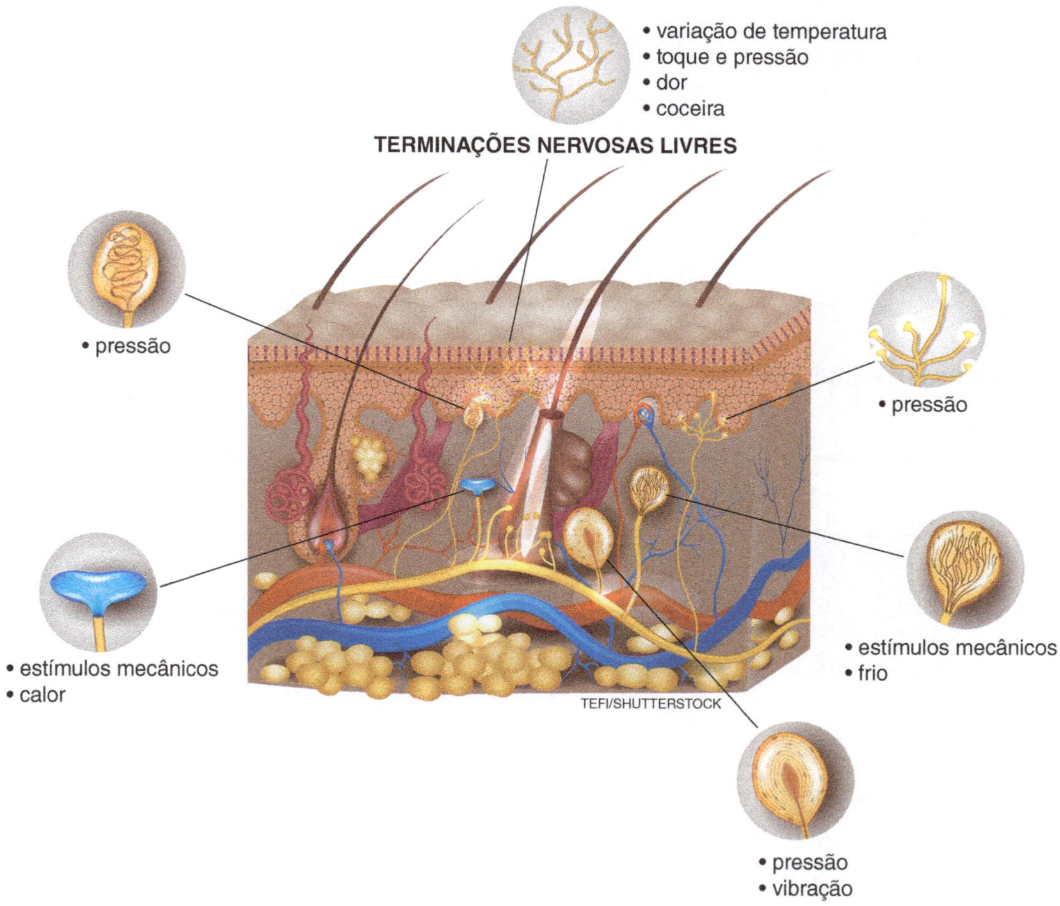

OBJETIVO: Perceber, em diferentes locais do corpo, a distância entre os receptores de tato.

MATERIAIS

- duas canetas de cores diferentes
- régua

PROCEDIMENTO

1. Realizar a atividade em duplas.
2. Com uma das canetas, um aluno faz uma marca (ponto) no antebraço do colega, que estará com os olhos fechados. Este, por sua vez, com a outra caneta, deverá fazer outro ponto o mais pró-

ximo que conseguir do local onde sentiu o toque do colega. Anotar a distância entre os pontos assinalados.

3. Repetir esse procedimento mais duas vezes.
4. O mesmo procedimento deverá ser feito na mão e nos dedos.
5. Repetir todos os procedimentos com o outro aluno da dupla.

RESULTADOS

Primeiro aluno	Antebraço	Mão	Dedo
1ª medida			
2ª medida			
3ª medida			
Média			

Segundo aluno	Antebraço	Mão	Dedo
1ª medida			
2ª medida			
3ª medida			
Média			

CONCLUSÃO

Por que há diferença nas medidas realizadas nos três locais?

___

___

___

Aula 18

GRANDEZAS E MEDIDAS

INTRODUÇÃO: Grandeza física é tudo aquilo que pode ser medido com algum tipo de instrumento. Para cada grandeza física usamos uma unidade de medida adequada, que é uma quantidade específica da grandeza que serve de padrão para futuras comparações.

OBJETIVOS

- Compreender os conceitos de "grandeza física", "medida" e "unidade de medida".
- Identificar os instrumentos e as unidades de medidas adequadas para cada tipo ou objeto de medição.

MATERIAIS

- trena
- régua
- paquímetro
- cronômetro
- relógio
- tubo com óleo e esfera metálica
- balança
- pacote de cascalho
- brinquedo pica-pau
- haste metálica
- dinamômetro
- termômetro

PROCEDIMENTO

1. Escolher o instrumento de medição que o grupo considerar o mais adequado.
2. Fazer as medidas listadas na página seguinte.
3. Anotar os valores na tabela.

Medidas

1. Comprimento da haste metálica.
2. Diâmetro da haste metálica.
3. Tempo de descida da esfera dentro do tubo com óleo.
4. Tempo de descida do pássaro de brinquedo entre as posições 5 cm e 15 cm.
5. Massa do pacote de cascalho.
6. Peso do pacote de cascalho.
7. Temperatura de um dos integrantes do grupo.

RESULTADOS

Objeto	Grandeza	Medida (valor numérico)	Unidade (fornecida pelo instrumento)	Instrumento
Haste metálica				
Esfera				
Passarinho				
Pacote de cascalho				
Corpo humano				

CONCLUSÃO

O que é medir uma grandeza física?

____

____

____

____

____

____

____

PROPAGAÇÃO DE CALOR

Aula 19

INTRODUÇÃO: A propagação de calor se dá entre dois corpos com temperaturas diferentes, sempre no sentido do de maior temperatura para o de menor temperatura e pode ocorrer de três formas. Quando a propagação de calor se dá através das moléculas do meio, por meio do contato entre os corpos, é chamada de **condução**. Quando essa propagação se dá pelo deslocamento de massas de fluidos (gases ou líquidos) é chamada de **convecção**. E quando ela se dá por meio de ondas eletromagnéticas é chamada de **irradiação**.

OBJETIVOS: Conhecer as diferentes formas de propagação de calor.

MATERIAIS

- suporte universal
- vela
- lâmpada incandescente
- béquer de 500 mL
- haste metálica
- caixa de fósforo
- aquecedor elétrico
- permanganato de potássio
- 3 tachinhas
- soquete
- 3 termômetros

Experimento 1

PROCEDIMENTO

1. Prender com parafina derretida três tachinhas na haste metálica, conforme ilustração ao lado.
2. Fixar a haste no suporte universal.
3. Acender a vela bem próxima à ponta da haste metálica, conforme esquema abaixo.

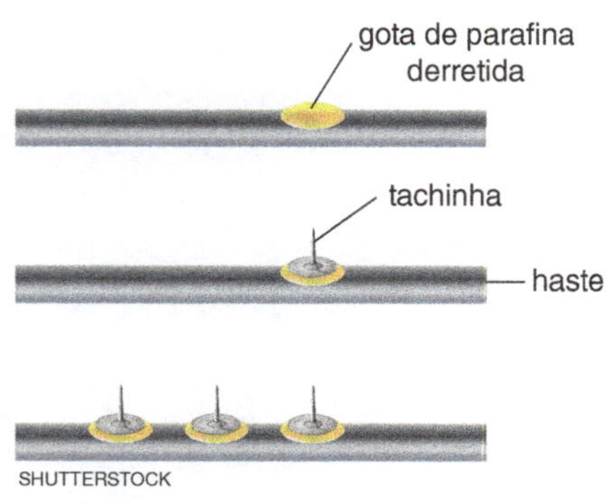

Preparação da haste metálica.

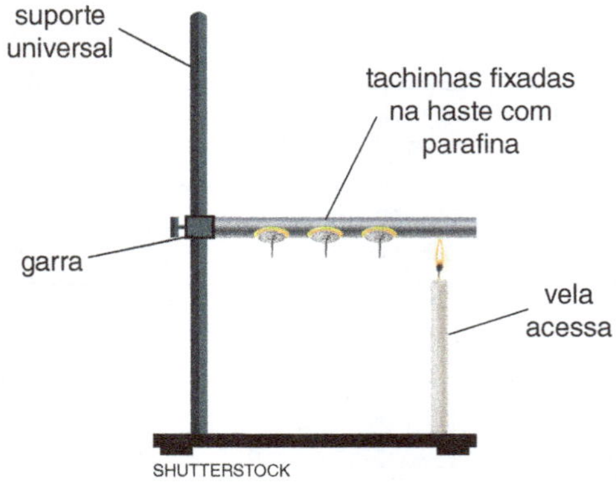

Montagem do experimento.

RESULTADOS E CONCLUSÕES

1. Explique o que acontece com as tachinhas.

2. Qual forma de propagação de calor é predominante nesse experimento?

Experimento 2

PROCEDIMENTO

1 Conectar a lâmpada incandescente no soquete e este na tomada.
2 Posicionar os termômetros: um a 5 cm de distância, outro a 10 cm e o terceiro a 15 cm da lâmpada.
3 Anotar na tabela a seguir as temperaturas indicadas nos termômetros com o decorrer do tempo.

	TEMPERATURA (°C)						
	Inicial	Após 1 min	Após 2 min	Após 3 min	Após 4 min	Após 5 min	Após 6 min
Termômetro 1 (5 cm)							
Termômetro 2 (10 cm)							
Termômetro 3 (15 cm)							

RESULTADOS E CONCLUSÕES

1. O que ocorreu com as temperaturas indicadas pelos termômetros?

2. Qual é a forma predominante de propagação de calor envolvida nesse experimento?

____

____

Experimento 3

PROCEDIMENTO

1 Aquecer 400 mL de água em um béquer.

2 Com o aquecedor elétrico ligado, adicionar um pouco de permanganato de potássio no fundo do béquer e observar.

RESULTADOS E CONCLUSÕES

1. O que ocorreu com o permanganato?

____

____

____

2. Qual é a forma predominante de propagação de calor envolvida nesse experimento?

____

3. Complete a tabela abaixo indicando as formas de propagação de calor e respectivos meios de propagação.

Forma de propagação de calor	Meios de propagação

Aula 20

PROCESSOS DE SEPARAÇÃO DE MISTURAS HETEROGÊNEAS

INTRODUÇÃO: Praticamente todas as substâncias que encontramos no ambiente são misturas, logo, para obter uma substância pura, isto é, isolada de outras, é necessário separá-la das demais.

Os métodos de separação de misturas baseiam-se nas propriedades físicas e químicas das substâncias. A escolha do método mais adequado é essencial para o sucesso da separação. Há métodos específicos para a separação de misturas homogêneas e heterogêneas. Uma mistura heterogênea é aquela que apresenta mais de uma fase.

OBJETIVOS

- Realizar variados experimentos para a separação de determinadas misturas heterogêneas.
- Analisar os tipos de misturas e as propriedades relacionadas.

Experimento 1 – Dissolução fracionada, decantação, filtração e evaporação

MATERIAIS

- mistura de areia com sulfato de cobre
- papel-filtro
- suporte universal
- bastão de vidro
- água de torneira
- funil de vidro
- béquer
- aquecedor elétrico

PROCEDIMENTO, RESULTADOS E CONCLUSÕES

1 Adicionar um pouco de água à mistura de sulfato de cobre + areia. Misturar com o bastão de vidro.

1. Observe. Descreva o que ocorreu.

____

____

2. Qual é o nome do processo de separação de misturas realizado? Qual é a propriedade específica envolvida nesse processo?

____

____

2 Deixar a mistura em repouso por alguns minutos.

3. Observe. Descreva o que ocorreu.

____

____

4. Qual é o nome do processo de separação de misturas nesse caso? Qual é a propriedade específica fundamental para que os componentes se separem?

____

____

3 Fazer a montagem conforme o esquema abaixo.

4 Despejar a mistura sobre o papel-filtro.

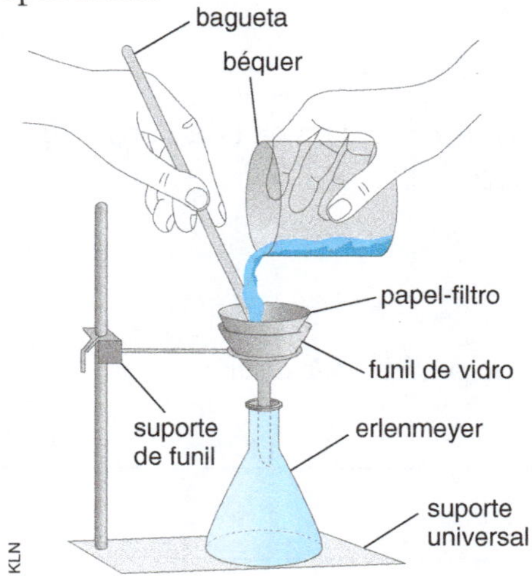

5. Observe. Descreva o que ocorreu.

____

____

6. A filtração é um processo eficaz para separar qualquer mistura sólido-líquido? Justifique.

____

____

7. A filtração é um processo utilizado para separar apenas misturas sólido-líquido? Dê exemplos.

____

____

5 Colocar uma parte da substância filtrada em um béquer e aquecer até que todo o líquido vaporize.

8. Qual é o nome do processo de separação de misturas realizado nesse caso? Qual é a propriedade da matéria que permite que esse processo seja realizado com sucesso?

____

____

Experimento 2 – Separação de diferentes amostras de metais

MATERIAIS

- placa de Petri
- ímã
- pedaços de vários metais (limalha de ferro, cobre, alumínio, por exemplo)

PROCEDIMENTO

1 Colocar os pedaços de metais no interior da placa de Petri e fechá-la.

2 Aproximar o ímã da placa de Petri.

RESULTADOS E CONCLUSÕES

1. Todos os metais foram atraídos pelo ímã? Por quê?

____

____

____

____

2. Qual é o nome do processo de separação de misturas nesse caso? Qual é a propriedade física que permite que esses metais sejam separados?

____

____

PROCESSOS DE SEPARAÇÃO DE MISTURAS HOMOGÊNEAS

Aula 21

INTRODUÇÃO: As misturas homogêneas, também chamadas de soluções, apresentam uma única fase. Apesar de ser mais difícil separar os componentes de uma mistura homogênea do que de uma heterogênea, existem métodos relativamente simples que levam em consideração algumas propriedades dos compostos químicos, como, por exemplo, o ponto de ebulição e a solubilidade, que permitem a separação dos componentes de uma mistura homogênea.

Experimento 1 – Cromatografia em papel

OBJETIVO: Demonstrar a separação dos pigmentos presentes na tinta de canetas hidrocores.

MATERIAIS

- papel-filtro redondo
- pedaço de barbante
- álcool absoluto (99%)
- placa de Petri
- caneta hidrocor

PROCEDIMENTO

1. Colocar aproximadamente 20 mL de álcool absoluto na placa de Petri.
2. Fazer um buraco pequeno no centro do papel-filtro.
3. Fazer um círculo, no papel-filtro, com a caneta hidrocor ao redor do buraco (observação: podem-se fazer dois semicírculos de cores diferentes ou bolinhas de cores diferentes).
4. Dar um nó no pedaço de barbante e passar o barbante pelo buraco do papel-filtro.
5. Apoiar o papel-filtro na borda da placa de Petri, deixando o nó na parte de cima do papel e o restante do barbante mergulhado.
6. Esperar o álcool absoluto migrar até as bordas do papel-filtro.

RESULTADOS E CONCLUSÕES

1. Descreva o resultado obtido.

____

____

2. Se você mudar a cor da caneta hidrocor, o resultado será o mesmo? Comente.

____

____

____

____

Experimento 2 – Destilação simples

OBJETIVOS

- Observar um processo de destilação.
- Compreender o funcionamento do destilador.

MATERIAIS

- destilador
- caldo de cana
- fermento biológico (*Saccharomyces cerevisiae*)

PROCEDIMENTO

1. Acrescentar o fermento biológico no caldo de cana, deixando fermentar por cerca de 24 horas.
2. Montar o destilador conforme o esquema abaixo, colocando o caldo de cana fermentado para ebulir.

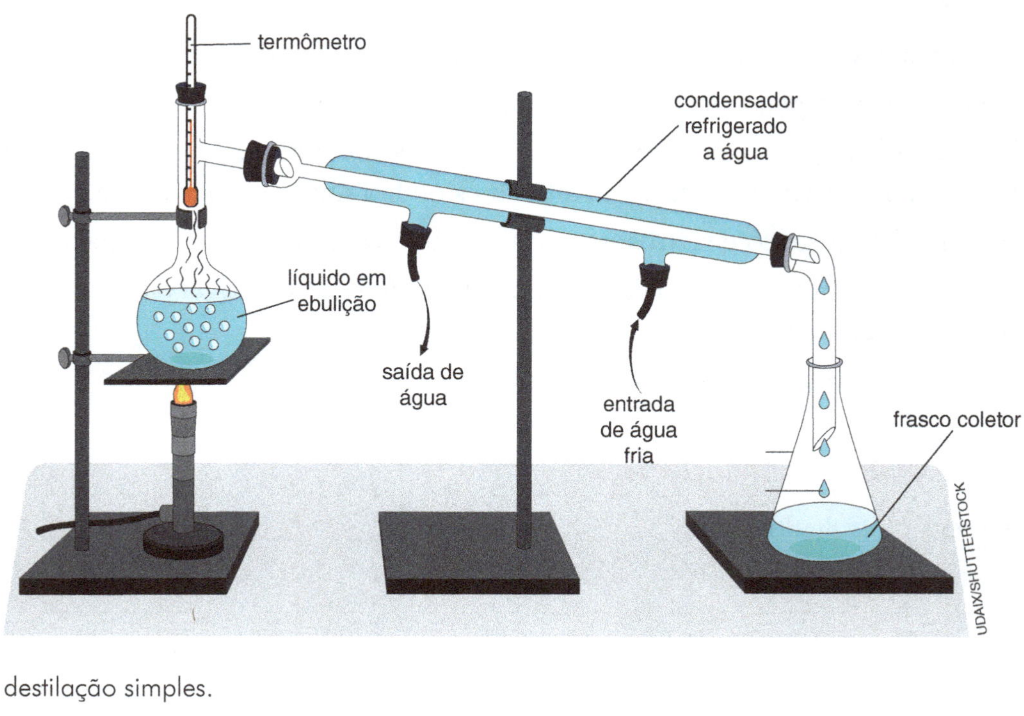

Aparelho para destilação simples.

RESULTADOS E CONCLUSÕES

1. Qual é a propriedade específica da matéria que está relacionada ao processo de destilação?

2. Considerando uma mistura de água e álcool (formada a partir da fermentação do caldo de cana), qual substância será separada no frasco coletor? Justifique sua resposta.

3. Ao final da separação de uma mistura, como podemos comprovar se as frações obtidas estão realmente puras?

4. O petróleo é uma combinação complexa de hidrocarbonetos, que são compostos que possuem os elementos químicos carbono e hidrogênio como principais componentes. Essas substâncias muitas vezes apresentam ponto de ebulição próximo.
O processo de destilação simples é eficaz na separação dos componentes do petróleo? Explique

Aula 22

TRANSFORMAÇÕES QUÍMICAS

INTRODUÇÃO: As transformações químicas, ou reações químicas, ocorrem quando algumas substâncias se combinam, transformando-se em novas substâncias. A observação das propriedades e do aspecto das substâncias é fundamental para que se possa comprovar a ocorrência de uma reação química.

OBJETIVOS

- Descrever o estado inicial e o estado final de um sistema por meio da observação de suas características.
- Analisar as evidências da ocorrência de uma reação química.

MATERIAIS

- béquer (250 mL)
- tubos de ensaio
- comprimido efervescente (tipo "Sonrisal")
- água oxigenada 20 volumes
- dióxido de manganês
- cronômetro

Experimento 1

PROCEDIMENTO

1. Colocar água, à temperatura ambiente, em um béquer, até que atinja ¾ do seu volume total.
2. Acrescentar um comprimido efervescente inteiro no béquer.

RESULTADOS

Propriedades	Estado inicial	Estado final
Cor		
Estados físicos		

CONCLUSÕES

Quais são as evidências observadas que nos levam a afirmar que ocorreu uma reação química entre o comprimido efervescente e a água?

____

____

____

Experimento 2

PROCEDIMENTO

1. Colocar água oxigenada no tubo de ensaio até atingir ¼ do volume total.
2. Acrescentar uma pitada de dióxido de manganês e observar o que ocorre dentro do tubo.
3. Colocar um fósforo aceso na abertura do tudo de ensaio e observar o que ocorre com a chama.

RESULTADOS E CONCLUSÕES

1. Qual evidência observada pode comprovar que ocorreu uma reação química nessa situação?

____

____

2. O que ocorreu com a chama do fósforo, ao ser colocada próximo da abertura do tubo? Explique.

____

____

____

Experimento extra (demonstração pelo professor)

PROCEDIMENTO

Se misturarmos nitrato de prata ($AgNO_3$) e sal de cozinha ($NaCl$), ambos sólidos, não ocorrerá uma reação química e sim uma mistura química. Porém, se ambos forem dissolvidos em água e, em seguida misturados, a reação química entre ambos ocorrerá. Observe o esquema ao lado.

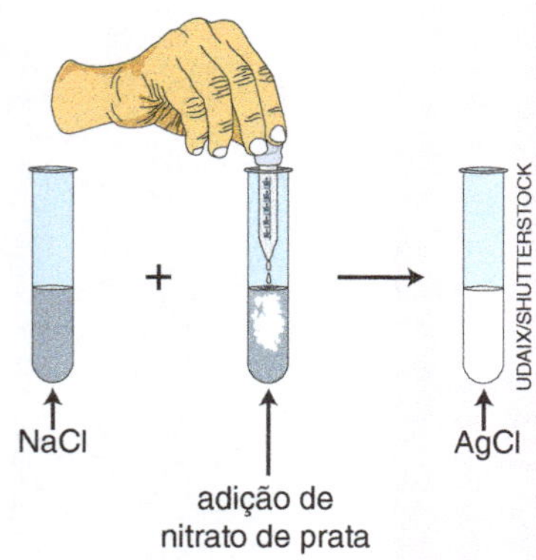

$AgNO_{3(aq)} + NaCl_{(aq)} \longrightarrow NaNO_3 + AgCl$